CHINESISCHE SCHRIFTZEICHEN LERNEN – MIT SYSTEM

汉字速成课本

第二版

Arbeibeitsbuch

练习册

柳燕梅 编著
Von LIU Yanmei

Übersetzung:
Andreas Guder 顾安达

unter Mitarbeit von:
Manxi Zeidler 王曼西

Deutschsprachige Ausgabe erschienen bei Chinabooks, Uitikon-Waldegg bei Zürich.
englischsprachige Originalausgabe erschienen bei Peking University Press, Beijing.

Titel der Originalausgabe: 汉字速成课本 第二版 汉字练习册 Easy Way to Learn Chinese Characters 2nd ed. Workbook, erschienen bei 北京大学出版社 Peking University Press

Autorin: Liu Yanmei 柳燕梅

Ins Deutsche übersetzt von Andreas Guder, unter Mitarbeit von Manxi Zeidler.

Umschlagsgestaltung: Fritz Franz Vogel, Diessenhofen.

Vertrieb an den Buchhandel:

Deutschland
GVA Gemeinsame Verlagsauslieferung Göttingen GmbH & Co. KG
Postfach 2021, D-37010 Göttingen
Tel.: +49 (0) 551 384200 –0 Fax.: +49 (0) 551 384200 –10
admin@gva-verlage.de
www.gva-verlage.de

Österreich
Mohr Morawa Buchvertrieb GmbH
Sulzengasse 2, A-1230 Wien
Tel.: +43 (1) 680 14-0 / Fax: +43 (1) 688 71 30
momo@mohrmorawa.at
www.mohrmorawa.at

Schweiz
Chinabooks E. Wolf und E. Wu
Bühlstrasse 6, CH-8142 Uitikon-Waldegg
Tel.: (0041) (0)76 518 45 26
bestellen@chinabooks.ch
www.chinabooks.ch

Erstausgabe
20 19 18 17 16 8 7 6 5 4 3 2 1

Gedruckt in Lettland. / Printed in Latvia.

ISBN: 978-3-905816-65-5

目 录 INHALT

1 第一课 Lektion Eins

一、同步练习 Übungen

① 根 据 拼 音 写 笔 画 Schreiben Sie die entsprechenden Striche zu den jeweiligen Namen der Striche

Héng ( ) Piě ( )
Diǎnr ( ) Shù ( )
Nà ( ) Tí ( )

② 用拼音写出下列笔画的名称 Schreiben Sie die Namen der Striche in *Pinyin*

丶 ________ 一 ________ ㇏ ________
㇀ ________ 丨 ________ 丿 ________

③ 写一写 Schreibübung

yī	一
一	一 一 一 一

èr	一 二
二	二 二 二 二

sān	一 二 三
三	三 三 三 三

shí	一 十
十	十 十 十 十

gōng	一 丅 工
工	工 工 工 工

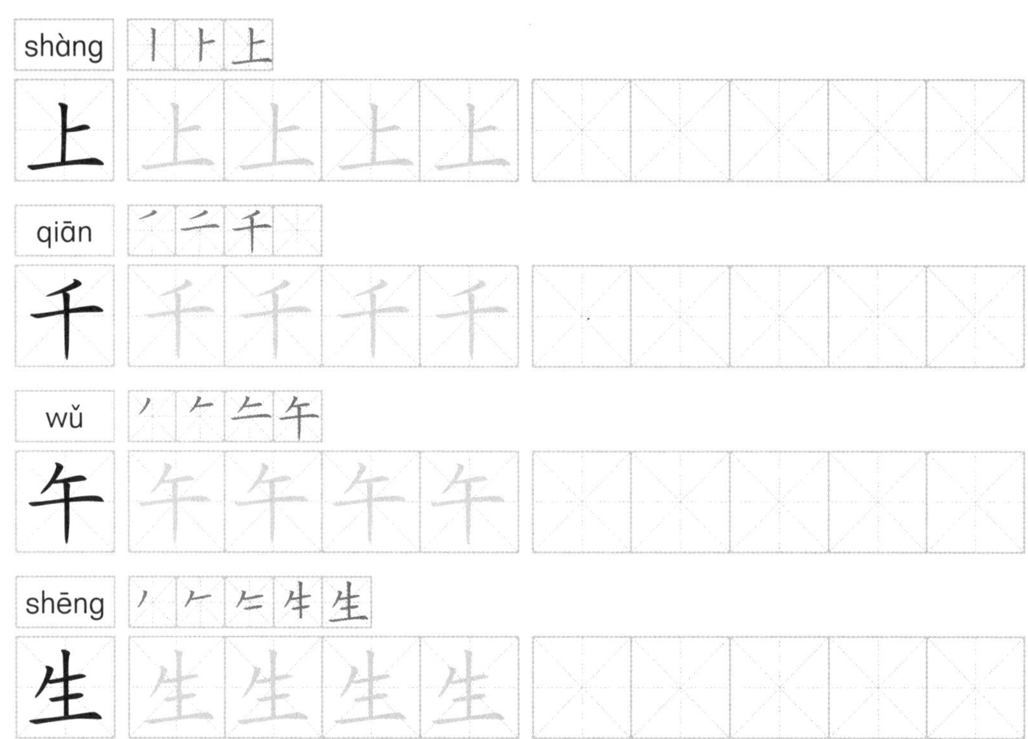

④ 大声朗读下面的词语 Lesen Sie die folgenden Wörter laut

十一（11） 十三（13） 二十（20） 三十（30）
二十一（21） 三十二（32） 一千（1000） 三千（3000）

⑤ 用汉字写出下列数字 Schreiben Sie die Zahlen in Schriftzeichen

10（ ） 12（ ） 22（ ）
23（ ） 31（ ） 33（ ）

⑥ 根据拼音写汉字 Schreiben Sie die entsprechenden Schriftzeichen

gōng ____ shàng ____ wǔ ____
shēng ____ qiān ____

⑦ 写一写 Schreibübung

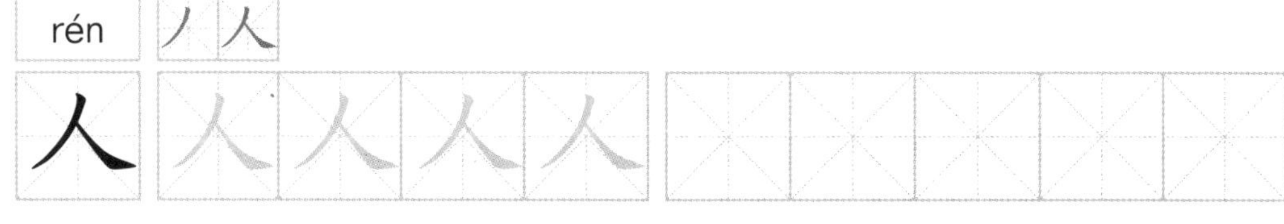

bā 丿 八

八

gè 丿 人 个

个

xià 一 丅 下

下

bù 一 ア 不 不

不

zhǔ 丶 亠 ⺷ 主 主

主

8 大声朗读下面的词和短语，并记住它们的意思

Lesen Sie die folgenden Wörter und Phrasen laut. Merken Sie sich die Bedeutungen.

上午（Vormittag）　　工人（Arbeiter）

下午（Nachmittag）　　主人（Gastgeber）

一个（ein(-e/-er)）　　一个人（ein Mensch/eine Person）

八个（acht ...）　　八个人（acht Personen）

9 把下面的德语翻译成汉语，并用汉字写出来

Übersetzen Sie in chinesische Schriftzeichen

drei Arbeiter (　　　)　　ein Vormittag (　　　)

acht Arbeiter (　　　)　　ein Nachmittag (　　　)

10 根据拼音写汉字 Schreiben Sie die Wörter in Schriftzeichen

shàngwǔ ______　　zhǔrén ______　　xiàwǔ ______

11 写一写 Schreibübung

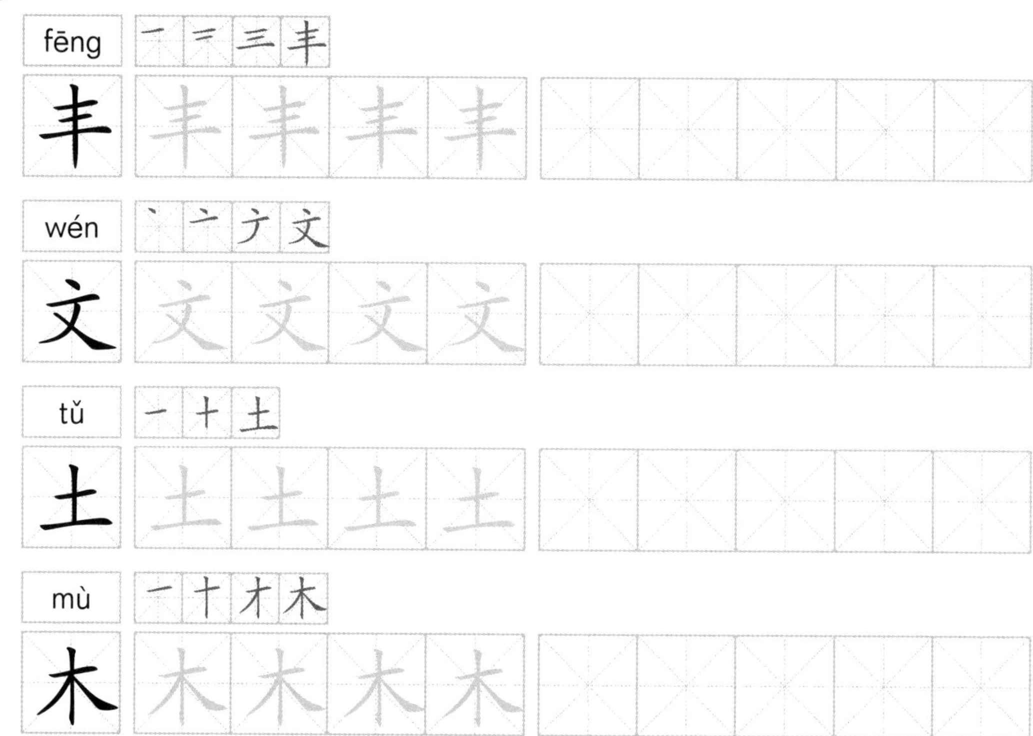

12 按笔画顺序写出下面的汉字，想一想笔顺是否合规律

Schreiben Sie Schriftzeichen und achten Sie dabei auf die Regeln der Strichfolge

下 ____________________　个 ____________________

工 ____________________　主 ____________________

千 ____________________

13 写一写 Schreibübung

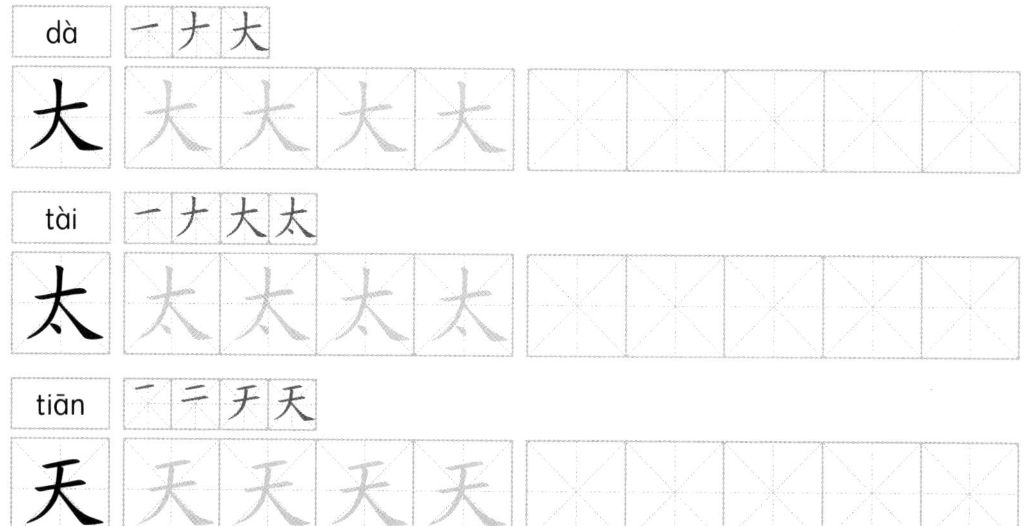

fū	一 二 夫 夫
夫	夫 夫 夫 夫

14 大声朗读下面的词和短语，并记住它们的意思

Lesen Sie die folgenden Wörter und Phrasen laut. Merken Sie sich die Bedeutungen.

大人（Erwachsene/-r）	一天（ein Tag）	太大（zu groß）
夫人（Ehefrau）	三天（drei Tage）	不大（nicht groß）
大夫 dàifu（Arzt）	八天（acht Tage）	不太大（nicht zu groß）

15 把下面的德语翻译成汉语，并用汉字写出来

Übersetzen Sie in chinesische Schriftzeichen

10 Tage（ ）	11 Ärzte（ ）
18 Tage（ ）	12 Ärzte（ ）
88 Tage（ ）	30 Erwachsene（ ）

16 按笔画顺序写出下面的汉字，并写出笔画数

Schreiben Sie die Schriftzeichen nach den Regeln der Strichfolge und geben Sie die Anzahl der Striche an

例（Beispiel）：木（4 画）一 十 才 木

太（ 画）________	夫（ 画）________
天（ 画）________	文（ 画）________

17 用拼音写出下面汉字中第二笔的笔画名称

Schreiben Sie den Namen des zweiten Striches der folgenden Schriftzeichen in *Pinyin*

例（Beispiel）：木（Shù）

上（ ）	个（ ）	不（ ）
土（ ）	丰（ ）	太（ ）

二、本课复习 Wiederholung

一	二	三	十	工	上	千	午
生	人	八	个	下	不	主	丰
文	土	木	大	太	天	夫	

1. 按笔画数量把上面的汉字写在下面的括号里

Ordnen Sie die oben stehenden Schriftzeichen der jeweiligen Strichanzahl zu

1 画（ ）

2 画（ ）

3 画（ ）

4 画（ ）

5 画（ ）

2. 用拼音写出下列笔画的名称，并将含有下列笔画的汉字写在相应的括号里，每个括号里至少写四个

Schreiben Sie die Namen der Grundstriche in *Pinyin*. Geben Sie in den Klammern mindestens vier Schriftzeichen an, die diese Grundstriche enthalten.

例（Beispiel）：一 <u>Héng</u>（一、二、三、十、工）

丨 ______（ ）

丿 ______（ ）

㇏ ______（ ）

丶 ______（ ）

3. 用拼音写出下列笔画的名称，并将笔顺中第三笔是如下笔画的汉字写在相应的括号里

Schreiben Sie die Namen der Grundstriche in *Pinyin*. Geben Sie in den Klammern Schriftzeichen an, die diesen Grundstrich als jeweils dritten Strich enthalten.

一 ______（ ）

丨 ______（ ）

丿 ______ (   )
㇏ ______ (   )
丶 ______ (   )

④ 给下面的汉字注音并写出德文（或你的母语）意思

Schreiben Sie zu den jeweiligen Schriftzeichen *Pinyin* und Bedeutung auf

例（Beispiel）：人 rén（Mensch）

午______(   )　　千______(   )
主______(   )　　丰______(   )
文______(   )　　夫______(   )

⑤ 根据拼音写汉字，并想想它们的意思

Schreiben Sie die Wörter in Schriftzeichen und finden Sie heraus, was die Wörter bedeuten

shàngwǔ		gōngrén		dàifu	
xiàwǔ		zhǔrén		bā tiān	

2 第二课 Lektion Zwei

一、同步练习 Übungen

1 写一写 Schreibübung

běn	一 十 才 木 本
本	本 本 本 本
shǎo	丨 ⺌ 小 少
少	少 少 少 少
liù	丶 亠 六 六
六	六 六 六 六
jīn	丿 厂 斤 斤
斤	斤 斤 斤 斤
kāi	一 二 于 开
开	开 开 开 开

2 根据拼音写笔画 Schreiben Sie die Striche

Zuǒdiǎnr ( ) Chángdiǎnr ( )

Píngpiě ( ) Shùpiě ( )

3 把下面的德语翻译成汉语，并用汉字写出来

Übersetzen Sie in chinesische Schriftzeichen

sechs Tage ( ) ein halbes Kilogramm( )

62 Personen ( ) drei Kilogramm ( )

nicht wenig	( )	zu wenig	( )
nicht öffnen	( )	nicht zu wenig	( )

④ 按笔画顺序写出下面的汉字，并写出笔画数

Schreiben Sie die Schriftzeichen nach den Regeln der Strichfolge und geben Sie die Anzahl der Striche an

例（Beispiel）：太（4 画） 一 ナ 大 太

本（ 画）________ 开（ 画）________

少（ 画）________ 斤（ 画）________

⑤ 写一写 Schreibübung

kǒu
口

wǔ
五

shān
山

chū
出

chē
车

yún
云

⑥ 大声朗读下面的词和短语，并记住它们的意思
Lesen Sie die folgenden Wörter und Phrasen laut. Merken Sie sich deren Bedeutung.

五口人（fünf Personen einer Familie） 出口（Ausgang; Export）
六口人（sechs Personen einer Familie） 出生（geboren werden）

上山（einen Berg besteigen） 上车（(in Auto) einsteigen）
下山（einen Berg hinabsteigen; bergab） 下车（(aus Auto) aussteigen）

山上（auf einem Berg） 车上（im Auto）
山下（am Fuße eines Berges） 车下（unter dem Auto）

⑦ 用汉字写出下面的数字
Schreiben Sie die Zahlen in Schriftzeichen

15（ ） 61（ ）
55（ ） 66（ ）
58（ ） 60（ ）

⑧ 用拼音写出下面汉字中第二笔的笔画名称
Schreiben Sie den Namen des zweiten Striches des jeweiligen Schriftzeichens in *Pinyin*

例（Beispiel）：大（Piě）

口（ ） 山（ ） 云（ ）
斤（ ） 少（ ） 五（ ）

⑨ 写一写 Schreibübung

xiǎo 丨 小 小
小 小 小 小 小

shǒu 一 二 三 手
手 手 手 手 手

dōng
一 𠂉 车 东 东
东 东 东 东 东

le
乛 了
了 了 了 了 了

mǎi
乛 乛 乛 乛 买 买
买 买 买 买 买

wǒ
丿 二 于 手 我 我 我
我 我 我 我 我

xīn
丶 心 心 心
心 心 心 心 心

10 大声朗读下面的词和短语，并记住它们的意思

Lesen Sie die folgenden Wörter und Phrasen laut. Merken Sie sich deren Bedeutung.

小心（vorsichtig） 买了（gekauft）
开心（fröhlich） 买不买（kaufen oder nicht kaufen）

11 把下面的德语翻译成汉语，并用汉字写出来

Übersetzen Sie in chinesische Schriftzeichen

kleines Auto ( ) kleine Hand ( )
großes Auto ( ) große Hand ( )
nicht fröhlich ( ) fröhlich oder nicht fröhlich ( )
unvorsichtig ( )

12 根据拼音写笔画 Schreiben Sie die Striche

Chángdiǎnr ( ) Píngpiě ( ) Wāngōu ( )
Piězhé ( ) Xiégōu ( ) Shùpiě ( )

13 用拼音写出下列笔画的名称，并将含有下列笔画的汉字写在相应的括号里，每个括号里至少写四个

Schreiben Sie die Namen der Grundstriche in *Pinyin*. Geben Sie in den Klammern mindestens vier Schriftzeichen an, die diese Grundstriche enthalten.

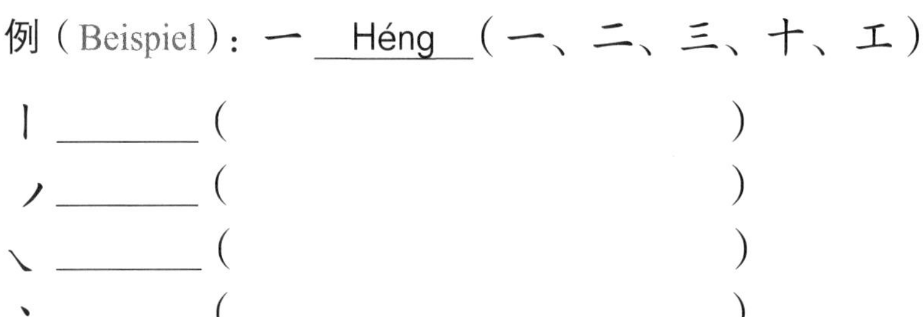

例（Beispiel）：一 Héng （一、二、三、十、工）

丨 ______ (   )

丿 ______ (   )

㇏ ______ (   )

丶 ______ (   )

14 写一写 Schreibübung

rì	丨 ⺆ 日 日
日	日 日 日 日

tián	丨 ⺆ 冂 田 田
田	田 田 田 田

huà	一 丅 𠫓 𠃌 ⼍ ⾯ 画 画
画	画 画 画 画

yè	丨 丨丨 丬 业 业
业	业 业 业 业

zhōng	丨 ⼕ 口 中
中	中 中 中 中

zǐ	㇇ 了 子
子	子 子 子 子

huǒ	丶 丷 火 火
火	火 火 火 火

15 大声朗读下面的词和短语，并记住它们的意思

Lesen Sie die folgenden Wörter und Phrasen laut. Merken Sie sich die Bedeutungen.

个子（Körpergröße）
本子（Heft; Notizbuch）
生日（Geburtstag）
日本（Japan）

画了（gemalt haben）
不画（nicht malen）
画不画（malen oder nicht malen）

16 按笔画顺序写出下面的汉字，并写出笔画数

Schreiben Sie die Schriftzeichen nach den Regeln der Strichfolge und geben Sie die Anzahl der Striche an

五（　　画）________________
出（　　画）________________
车（　　画）________________

买（　　画）________________
我（　　画）________________
心（　　画）________________

17 写一写 Schreibübung

mù	丨 冂 月 月 目
目	目 目 目 目

bái	′ 亻 白 白 白
白	白 白 白 白

zì	′ 亻 白 白 自 自
自	自 自 自 自

bǎi	一 丆 丆 百 百 百
百	百 百 百 百

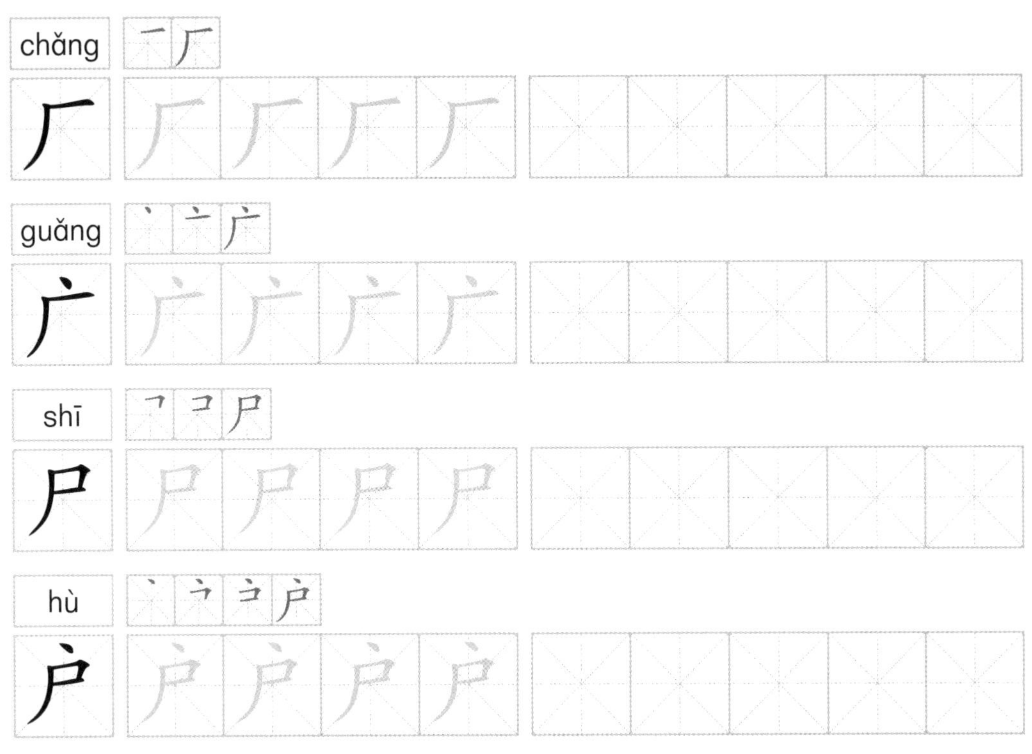

18 大声朗读下面的词和短语，并记住它们的意思
Lesen Sie die folgenden Wörter und Phrasen laut. Merken Sie sich die Bedeutungen.

白天（tagsüber）
自己（selbst）
* 己 jǐ（selbst）
工厂（Fabrik）
广大（groß, umfangreich）

一百一十（110）
一百零四（104）
* 零 líng（Null）
三百一十六（316）
九百七十二（972）

19 用汉字写出下面的数字 Schreiben Sie die folgenden Zahlen in Schriftzeichen

583（ ）
610（ ）
820（ ）
605（ ）

20 给下面的汉字添一笔，使它成为另一个字，看看你能写出几个

Fügen Sie zu jedem Schriftzeichen einen Strich hinzu, sodass ein anderes Schriftzeichen entsteht. Wie viele Schriftzeichen können Sie bilden?

例（Beispiel）：十——土

口——　　　　日——

头——　　　　大——

二、本课复习　Wiederholung

本	少	六	斤	开	口	五	山
出	车	云	小	手	东	了	买
我	心	日	田	画	业	中	子
火	目	白	自	百	厂	广	尸
户							
（＊己）[①]		（＊零）					

1 把上面汉字中符合下列笔画数的写在相应的括号里，至少写四个

Ordnen Sie die oben stehenden Schriftzeichen der jeweiligen Strichanzahl zu. Finden Sie jeweils mindestens vier Schriftzeichen.

3 画（　　　　　　）　　4 画（　　　　　　）

2 用拼音写出笔画的名称，并把含有下列笔画的汉字写在相应的括号里，至少写三个

Schreiben Sie die Namen der Striche in *Pinyin*. Schreiben Sie mindestens jeweils drei Schriftzeichen, die den angegebenen Strich enthalten, in die Klammern.

㇕：______（　　　　　　）　　㇗：______（　　　　　　）

㇖：______（　　　　　　）　　㇁：______（　　　　　　）

---

① 加＊的为“补充生字”；加括号表示这些字会在以后的课文中正式学习，因此不列入“补充生字总表”；不加括号的将列入“补充生字总表”。

3 按笔画顺序写出下面的汉字，并写出笔画数

Schreiben Sie die Schriftzeichen nach den Regeln der Strichfolge und geben Sie die Anzahl der Striche an

自（　　画）________　　田（　　画）________
买（　　画）________　　手（　　画）________
心（　　画）________　　我（　　画）________

4 给下面的汉字注音并写出德文（或你的母语）意思

Schreiben Sie zu den jeweiligen Schriftzeichen *Pinyin* und Bedeutung

例（Beispiel）：大　dà____　（ groß ）

车______（　　　　）　　买______（　　　　）
我______（　　　　）　　出______（　　　　）
田______（　　　　）　　心______（　　　　）

5 按要求给下面的汉字添笔画，使它变成另一个汉字

Fügen Sie den folgenden Schriftzeichen die angegebene Anzahl an Strichen hinzu, sodass ein anderes Schriftzeichen entsteht

例（Beispiel）：一（2笔）　三　大　千　工

二（2笔）____________
人（2笔）____________
日（2笔）____________
厂（1笔）____________

6 根据拼音写汉字，并想想它们的意思

Schreiben Sie die Wörter in Schriftzeichen und finden Sie heraus, was die Wörter bedeuten

liù jīn		chūkǒu		shàng chē	
bù shǎo		chūshēng		xià chē	
xiǎoxīn		shēngrì		gōngchǎng	
kāixīn		běnzi		báitiān	

3 第三课 Lektion Drei

一、同步练习 Übungen

1 根据已经学过的笔画名称，用拼音写出下面复合笔画的名称

Schreiben Sie die Namen dieser komplexen Striche in *Pinyin*

ㄱ（ ） ㄴ（ ）

亅（ ） ㄣ（ ）

ㄋ（ ） ㇂（ ）

2 数一数下面的汉字一共有多少画

Geben Sie die Strichanzahl der folgenden Schriftzeichen an

马（ 画） 女（ 画） 及（ 画） 乃（ 画）

专（ 画） 队（ 画） 水（ 画） 计（ 画）

3 写一写 Schreibübung

yòu 又

shuǐ 水

yuè 月

mén 门

jiǔ 丿 九

九 九 九 九 九

jǐ 丿 几

几 几 几 几 几

fēi 乁 飞 飞

飞 飞 飞 飞 飞

qì 丿 𠂉 气 气

气 气 气 气 气

4 大声朗读下面的词和短语，并记住它们的意思

Lesen Sie die folgenden Wörter und Phrasen laut. Merken Sie sich die Bedeutungen.

九月（September）
几月（welcher Monat）
九个月（neun Monate）
几个月（einige/ein paar Monate）
上个月（letzten Monat）
下个月（nächsten Monat）
门口（Eingang）
大门（Haupteingang; Tor）
天气（Wetter）
生气（sich ärgern, wütend sein）
又飞了（wieder geflogen）
又买了（wieder gekauft）

5 把下面的德语翻译成汉语，并用汉字写出来

Übersetzen Sie ins Chinesische. Schreiben Sie die Übersetzung in Schriftzeichen.

Januar ( )
Februar ( )
Mai ( )
Juni ( )
November ( )
Dezember ( )

ein Monat ( )
fünf Monate ( )
sechs Monate ( )
wieder gemalt haben ( )
wieder gekauft haben ( )
wieder geöffnet haben ( )

6 用拼音写出下面汉字中第二笔的笔画名称

Schreiben Sie den Namen des zweiten Striches des jeweiligen Schriftzeichens in *Pinyin*

车（ ） 水（ ） 月（ ）

心（ ） 门（ ） 九（ ）

7 给下面的汉字注音，并写出笔画数

Geben Sie die *Pinyin*-Umschrift und die Strichanzahl der folgenden Schriftzeichen an

例（Beispiel）：我 wǒ （7 画）

又______（ 画） 几______（ 画） 出______（ 画）

手______（ 画） 田______（ 画） 气______（ 画）

8 写一写 Schreibübung

sì 四

xī 西

ér 儿

qī 七

mǎ 马

chánq 长

nǚ 女

⑨ 大声朗读下面的词和短语，并记住它们的意思

Lesen Sie die folgenden Wörter und Phrasen laut. Merken Sie sich die Bedeutungen.

儿子（Sohn）　画儿（Bild, Gemälde）　画画儿（Bilder malen）
女儿（Tochter）　东西（Sachen, Dinge）　买东西（(Dinge) einkaufen）
女人（Frau）　马上（sofort; gleich）　马上走（sofort losgehen）
* 走 zǒu（gehen, losgehen）

⑩ 根据拼音写汉字，并想想它们的意思

Schreiben Sie die Wörter in Schriftzeichen und finden Sie heraus, was die Wörter bedeuten (und denken Sie an deren Bedeutung)

kāi mén　mǎi huàr　xiǎo mǎ
guān mén　mǎshàng　bái mǎ

jǐ ge nǚrén　xīmén
jǐ ge érzi　dōngmén

⑪ 用拼音写出下面汉字中第三笔的笔画名称

Schreiben Sie den Namen des dritten Striches des jeweiligen Schriftzeichens in *Pinyin*

西（　）　水（　）　长（　）
女（　）　门（　）　气（　）

⑫ 按笔画顺序写出下面的汉字，并写出笔画数

Schreiben Sie die Schriftzeichen nach den Regeln der Strichfolge und geben Sie die Anzahl der Striche an

四（　画）______　九（　画）______
长（　画）______　女（　画）______
月（　画）______　水（　画）______

13 写一写 Schreibübung

⑭ 大声朗读下面的词和短语，并记住它们的意思

Lesen Sie die folgenden Wörter und Phrasen laut. Merken Sie sich die Bedeutungen.

一年（ein Jahr）　　东面（Osten; Ostseite）
三年（drei Jahre）　　里面（innen, drinnen）

大事（wichtige Angelegenheit）　　电车（Straßenbahn, Elektrobus）
小事（Nebensache; Kleinigkeit）　　一本书（ein Buch）

⑮ 根据拼音写汉字，并想想它们的意思

Schreiben Sie die Wörter in Schriftzeichen und finden Sie heraus, was die Wörter bedeuten (und denken Sie dabei an deren Bedeutung)

sì nián		shàngmiàn	
qī nián		xiàmiàn	
shísì nián		sìmiàn	
shíqī nián		xīmiàn	

⑯ 按笔画顺序写出下面的汉字，并写出笔画数

Schreiben Sie die Schriftzeichen nach den Regeln der Strichfolge und geben Sie die Anzahl der Striche an

年（　　画）________　　面（　　画）________
里（　　画）________　　事（　　画）________
身（　　画）________

⑰ 写一写　Schreibübung

zhèng　一 丅 下 正 正
正　正 正 正 正

shì　一 十 士
士　士 士 士 士

(18) 大声朗读下面的词和短语，并记住它们的意思

Lesen Sie die folgenden Wörter und Phrasen laut. Merken Sie sich die Bedeutungen.

自己（selbst）　刀子（Messer）

正门（Haupteingang）　力气（physische Kraft, Stärke）

(19) 根据拼音写汉字，并想想它们的意思

Schreiben Sie die Wörter in Schriftzeichen und finden Sie heraus, was die Wörter bedeuten

wǒ zìjǐ ______ xiǎo dāo ______ Xiǎo Wáng ______

lìqi dà ______ lìqi xiǎo ______

20 根据括号里的数目给汉字添笔画，使它成为另一个字，看看你能写出几个

Fügen Sie den folgenden Schriftzeichen die angegebene Anzahl an Strichen hinzu, sodass ein anderes Schriftzeichen entsteht. Wie viele Schriftzeichen können Sie bilden?

十（1笔）________________ 十（2笔）________________

二、本课复习 Wiederholung

又	水	月	门	九	几	飞	气
四	西	儿	七	马	长	女	书
也	电	年	里	身	面	事	正
士	己	已	王	牛	刀	力	
*走							

1 用拼音写出下列笔画的名称，并将含有下列笔画的汉字写在相应的括号里

Schreiben Sie die Namen der folgenden Striche in *Pinyin*. Geben Sie in den Klammern Schriftzeichen an, die diese Striche enthalten.

例（Beispiel）：㇕ Héngzhé （ 口 日 ）

㇇ ________（ ） ㇆ ________（ ）

㇈ ________（ ） ㇉ ________（ ）

㇛ ________（ ） ㇙ ________（ ）

2 按笔画顺序写出下面的汉字，并写出笔画数

Schreiben Sie die Schriftzeichen nach den Regeln der Strichfolge und geben Sie die Anzahl der Striche an

水（ 画）________________ 电（ 画）________________

也（ 画）________________ 身（ 画）________________

门（ 画）________________ 事（ 画）________________

3 给下列汉字注音并写出德文（或你的母语）意思

Schreiben Sie zu den jeweiligen Schriftzeichen *Pinyin* und Bedeutung auf

刀________( )	力________( )
午________( )	牛________( )
土________( )	士________( )
已________( )	己________( )

4 根据拼音写汉字，并想想它们的意思

Schreiben Sie die Wörter in Schriftzeichen und finden Sie heraus, was die Wörter bedeuten (und denken Sie dabei an deren Bedeutung)

tiānqì		nǚ'ér		zìjǐ	
shēngqì		ménkǒu		dōngxi	
diànchē		lǐmiàn		dāozi	
xiǎoshí		mǎshàng		lìqi	
jiǔ nián		shàng ge yuè			
zhèngmén		xià ge yuè			

5 大声朗读下面的句子，并想想它们的意思

Lesen Sie die folgenden Sätze laut vor. Was könnten die Sätze bedeuten?

（1）我买了一斤水果（shuǐguǒ, Frucht），我女儿又买了一斤。

（2）我画了一张（zhāng, *ZEW für Bilder*）画儿，小王也画了一张画儿。

（3）我女儿力气小，我儿子力气大。

（4）小王买了不少东西，我自己买了几本书。

4 第四课 Lektion Vier

一、同步练习 Übungen

① 写一写 Schreibübung

měi 美

hǎo 好

xiū 休

kàn 看

cóng 从

míng 明

lín 林

fēn	丿 八 分 分
分	分 分 分 分

② 大声朗读下面的词语，并记住它们的意思
Lesen Sie die folgenden Wörter laut. Merken Sie sich die Bedeutungen.

美好（wunderbar）　明白（verstehen; deutlich）　身体（Körper）
好看（gut aussehend, schön）　分开（trennen）　明天（morgen）

③ 按笔画顺序写出下面的汉字，并写出笔画数
Schreiben Sie die Schriftzeichen nach den Regeln der Strichfolge und geben Sie die Anzahl der Striche an

美（　　画）________　看（　　画）________
好（　　画）________　分（　　画）________

④ 写出下面的汉字有几个部件，分别是什么
Schreiben Sie die Komponenten der Schriftzeichen und deren Anzahl auf

例（Beispiel）：看（ 2 ）龵目

好（　　）________　分（　　）________
明（　　）________　体（　　）________

⑤ 写一写 Schreibübung

nǐ	丿 亻 亻' 亻ケ 竹 价 你
你	你 你 你 你
Hàn	丶 冫 氵 汈 汉
汉	汉 汉 汉 汉
de	' 亻 白 白 白 白' 的 的
的	的 的 的 的

yǐ 以

wài 外

kè 刻

⑥ 大声朗读下面的词和短语，并记住它们的意思

Lesen Sie die folgenden Wörter und Phrasen laut. Merken Sie sich die Bedeutungen.

你的（dein; deine/-r/-s） 一刻（eine Viertelstunde）

我的（mein; meine/-r/-s） 三刻（drei Viertelstunden）

以上（über; oberhalb; mehr als） 以外（außer; außerhalb, jenseits）

以下（unter; unterhalb; weniger als） 外面（draußen; außerhalb）

⑦ 根据拼音写汉字，并想想它们的意思

Schreiben Sie die Wörter in Schriftzeichen und finden Sie heraus, was die Wörter bedeuten

nǐ zìjǐ ______ nǐ de érzi ______

wǒ zìjǐ ______ wǒ de nǚ'ér ______

sān ge yǐshàng ______ chē wàimiàn ______

wǔ ge yǐxià ______ dōngmén wàimiàn ______

⑧ 按笔画顺序写出下面的汉字

Schreiben Sie die Schriftzeichen nach den Regeln der Strichfolge.

你：______ 的：______

以：______ 刻：______

9 写一写 Schreibübung

zì
丶 丷 宀 字 字 字
字 字 字 字 字

xiě
丶 冖 冖 写 写
写 写 写 写 写

shì
丨 口 日 日 旦 早 早 昰 是
是 是 是 是 是

míng
丿 夕 夕 夕 名 名
名 名 名 名 名

diǎn
丨 卜 卜 占 占 点 点 点 点
点 点 点 点 点

xī
丿 亻 白 白 自 自 自 息 息 息
息 息 息 息 息

10 大声朗读下面的词和短语，并记住它们的意思

Lesen Sie die folgenden Wörter und Phrasen laut. Merken Sie sich die Bedeutungen.

名字（Personenname）
汉字（chinesisches Schriftzeichen）

一点儿（ein wenig, ein bisschen）
点心（kleiner Snack; *Dim Sum*）

大一点儿（ein wenig größer）
小一点儿（ein wenig kleiner）

休息（sich ausruhen, Pause machen）
写好（fertig schreiben）

总是（immer）
* 总 zǒng（immer）

字典（Schriftzeichen-Wörterbuch）
* 典 diǎn（Standardwerk）

十一点（11 Uhr）	三点一刻（3:15 Uhr）
九点（9 Uhr）	四点三刻（4:45 Uhr）
五点十八分（5:18 Uhr）	六点半（6:30 Uhr）
七点四十分（7:40 Uhr）	十一点半（11:30 Uhr）
	* 半 bàn（halb; Hälfte）

11 用汉字写出下面的时间 Schreiben Sie die Zeitangaben in Schriftzeichen.

1:15 Uhr	(　　　　)	3:20 Uhr	(　　　　)
4:45 Uhr	(　　　　)	5:30 Uhr	(　　　　)
6:50 Uhr	(　　　　)	7:58 Uhr	(　　　　)
11:15 Uhr	(　　　　)	12:30 Uhr	(　　　　)

12 根据拼音写汉字，并想想它们的意思

Schreiben Sie die Wörter in Schriftzeichen und finden Sie heraus, was die Wörter bedeuten

xiě Hànzì		shǎo yìdiǎnr	
xiě míngzi		cháng yìdiǎnr	
xiūxi yíxià			
xiūxi xiūxi			

13 写一写 Schreibübung

jiàn | 丨 冂 贝 见

见 见 见 见 见

cái | 一 十 才

才 才 才 才 才

cùn | 一 寸 寸

寸 寸 寸 寸 寸

14 大声朗读下面的词和短语，并记住它们的意思

Lesen Sie die folgenden Wörter und Phrasen laut. Merken Sie sich die Bedeutungen.

看见（(jmd.) sehen） 见面（(jmd.) treffen） 再见（auf Wiedersehen）

看见你（dich sehen）于是（daher, folglich） * 再 zài（wieder (Zukunft)）

15 根据括号里的要求给汉字添笔画，使它变成别的汉字，越多越好

Fügen Sie den folgenden Strichen die angegebene Anzahl an Strichen hinzu, sodass Schriftzeichen entstehen. Wie viele Schriftzeichen können Sie bilden?

一（2笔）____________________

亅（2笔）____________________

16 按笔画顺序写出下面的汉字，一边写，一边说出各笔画的名称

Schreiben Sie die Schriftzeichen nach den Regeln der Strichfolge und benennen Sie beim Schreiben die einzelnen Striche.

贝：____________ 于：____________

见：____________ 才：____________

17 写一写 Schreibübung

gè | 丿 ク 夂 夂 各 各

各 各 各 各 各

chù	ノ ク 夂 处 处
处	处 处 处 处

bàn	フ 力 力 办
办	办 办 办 办

wèi	丶 ソ 为 为
为	为 为 为 为

jiù	丨 ‖ 旧 旧 旧
旧	旧 旧 旧 旧

yóu	丨 冂 冃 由 由
由	由 由 由 由

18 大声朗读下面的词和短语，并记住它们的意思

Lesen Sie die folgenden Wörter und Phrasen laut. Merken Sie sich die Bedeutungen.

由于（wegen, infolge） 各处（überall）

为了（um zu ....） 各个（jede/r/s einzelne）

19 根据括号里的要求给汉字添笔画，使它变成别的汉字，越多越好

Fügen Sie den folgenden Schriftzeichen die angegebene Anzahl an Strichen hinzu, sodass andere Schriftzeichen entstehen. Schreiben Sie so viele Schriftzeichen wie möglich auf.

力（2 笔）__________ 卜（3 笔）__________

口（2 笔）__________ 日（1 笔）__________

20 按笔画顺序写出下面的汉字

Schreiben Sie die Schriftzeichen nach den Regeln der Strichfolge.

办：__________ 各：__________

为：__________ 处：__________

二、本课复习 Wiederholung

美	好	休	看	从	明	林	分
你	汉	的	以	外	刻	字	写
是	名	点	息	干	于	贝	见
才	寸	各	处	办	为	旧	由
*总	*典	(*半)*再					

1 把上面的汉字写在下面相应的结构后

Ordnen Sie die oben stehenden Schriftzeichen den entsprechenden Strukturen zu

□: ____________________

□: ____________________

□: ____________________

□: ____________________

□: ____________________

□: ____________________

2 按笔画顺序写出下面的汉字，并写出笔画数

Schreiben Sie die Schriftzeichen nach den Regeln der Strichfolge und geben Sie die Anzahl der Striche an

美（　　画）__________ 息（　　画）__________

好（　　画）__________ 外（　　画）__________

名（　　画）__________ 是（　　画）__________

3 给下列汉字注音并写出德文（或你的母语）意思

Schreiben Sie zu den jeweiligen Schriftzeichen *Pinyin* und Bedeutung auf

贝 __________ (　　　　) 见 __________ (　　　　)

才 __________ (　　　　) 寸 __________ (　　　　)

外 __________ (　　　　) 处 __________ (　　　　)

为 __________ (　　　　) 办 __________ (　　　　)

4 根据拼音写汉字，并想想它们的意思

Schreiben Sie die Wörter in Schriftzeichen und finden Sie heraus, was die Wörter bedeuten

hǎokàn	shēntǐ	xiūxi
míngbai	míngtiān	míngzi
kànjiàn	yóuyú	
jiànmiàn	wèile	

5 根据拼音写汉字，然后大声朗读，并想一想句子的意思

Schreiben Sie die Sätze in Schriftzeichen. Lesen Sie die Sätze laut und überlegen Sie, was sie bedeuten.

（1）Wǒ cái kànjiàn nǐ.

（2）Wǒ chūshēng yú yī jiǔ bā èr nián.

（3）Wǒ shíyī diǎn xiūxi.

（4）Nǐ jǐ diǎn xiūxi?

（5）Wǒ de shēngrì shì sìyuè shíjiǔ rì.

（6）Wǒ kànjiàn nǐ de jiù chē le.

（7）Wèile nǐ de shēntǐ, hǎohǎo xiūxi.

5 第五课 Lektion Fünf

一、同步练习 Übungen

1 写一写 Schreibübung

mā
㇛ 女 女 妈 妈 妈

妈 妈 妈 妈 妈

men
丿 亻 亻 们 们

们 们 们 们 们

ma
丨 口 口 吗 吗 吗

吗 吗 吗 吗 吗

qì
丶 氵 氵 汽 汽 汽 汽

汽 汽 汽 汽 汽

jī
一 十 才 木 机 机

机 机 机 机 机

nín
丿 亻 亻 你 你 你 你 你 您 您 您

您 您 您 您 您

jìn
丿 厂 斤 斤 沂 沂 近

近 近 近 近 近

② 大声朗读下面的词和短语，并记住它们的意思

Lesen Sie die folgenden Wörter und Phrasen laut. Merken Sie sich die Bedeutungen.

飞机（Flugzeug）	我们（wir; uns）	太近了（zu nahe）
汽车（Auto）	你们（ihr; euch）	不近（nicht nahe）
妈妈（Mama）	您好（Guten Tag）	

③ 根据拼音写汉字，然后大声朗读，并想一想句子的意思

Schreiben Sie die Sätze in Schriftzeichen. Lesen Sie die Sätze laut und überlegen Sie, was sie bedeuten.

（1）Nǐ māma de shēntǐ hǎo ma?

（2）Wǒ mǎi qìchē le.

（3）Nǐmen jǐ diǎn xiūxi?

④ 按笔画顺序写出下面的汉字，并写出笔画数

Schreiben Sie die Schriftzeichen nach den Regeln der Strichfolge und geben Sie die Anzahl der Striche an

妈（ 画）________ 您（ 画）________

汽（ 画）________ 近（ 画）________

⑤ 写一写 Schreibübung

tīng 厅

yīng 应

xí 习

kě	一 丁 亓 可 可
可	可 可 可 可

zhè	丶 亠 ナ 文 文 汶 这
这	这 这 这 这

qǐ	一 十 土 キ 丰 走 走 起 起 起
起	起 起 起 起

6 大声朗读下面的词语，并记住它们的意思
Lesen Sie die folgenden Wörter laut. Merken Sie sich die Bedeutung.

可以（können; dürfen）	这个（diese/-r/-s）	一起（zusammen）
可是（aber）	这儿（hier）	大厅（Halle, Saal）

7 根据拼音写汉字，然后大声朗读，并想一想句子的意思
Schreiben Sie die Sätze in Schriftzeichen. Lesen Sie die Sätze laut und überlegen Sie, was sie bedeuten.

（1）Zhè shì wǒ huà de huàr.

（2）Wǒ kěyǐ kànkan nǐ de shū ma?

（3）Wǒ mǎile qìchē, kěshì shì jiù chē.

8 写出符合下面结构的汉字 Schreiben Sie Schriftzeichen mit den folgenden Strukturen

左上结构 ┌ : ______________________________

右上结构 ┐ : ______________________________

左下结构 └ : ______________________________

⑨ 写一写 Schreibübung

⑩ 大声朗读下面的词语，并记住它们的意思

Lesen Sie die folgenden Wörter laut. Merken Sie sich die Bedeutung.

中国（China）　　因为（da, weil）
美国（USA）　　医生（Arzt）
外国（Ausland）　　大风（starker Wind）
出国（ins Ausland reisen）　　山区（Bergland, Gebirgsregion）

11 根据拼音写汉字，然后大声朗读，并想一想句子的意思

Schreiben Sie die Sätze in Schriftzeichen. Lesen Sie die Sätze laut und überlegen Sie, was sie bedeuten.

（1）Wǒ māma chū guó le.

（2）Wǒ bú shì yīshēng.

（3）Wǒmen yìqǐ kàn shū, xiě Hànzì.

（4）Nǐ shì Měiguó rén ma?

12 写一写 Schreibübung

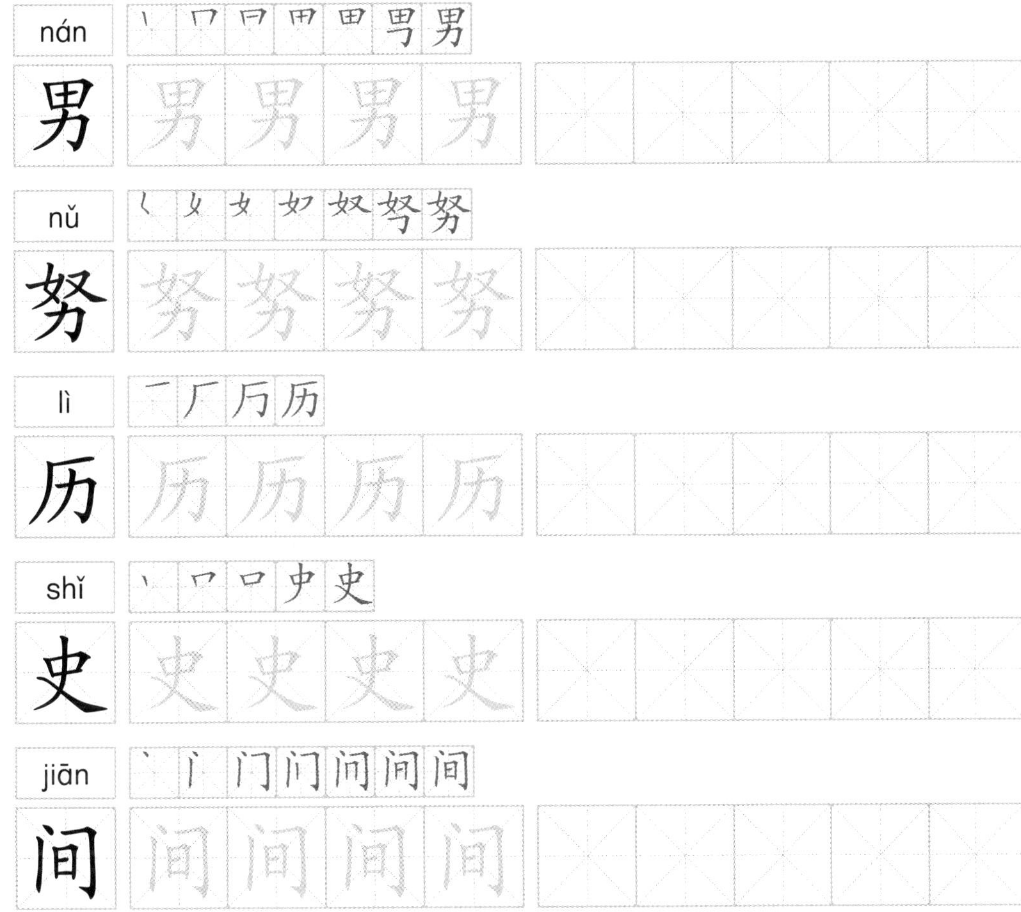

13 大声朗读下面的词语，并记住它们的意思

Lesen Sie die folgenden Wörter laut. Merken Sie sich die Bedeutung.

男人（Mann）　　努力（fleißig; sich anstrengen）

历史（Geschichte (history)）　　中间（Mitte; dazwischen）

14 按照结构给 12 题的汉字分类，并画出每类的结构图

Schauen Sie sich die Schriftzeichen in Aufgabe 12 an. Welche Struktur weisen die jeweiligen Schriftzeichen auf? Zeichnen Sie die Schriftzeichenstruktur.

______________________　______________________

____

15 写一写 Schreibübung

hái 孩

sūn 孙

hé 禾

xiāng 香

qiū 秋

hé	丿 二 千 禾 禾 禾 和 和
和	和 和 和 和

(16) 大声朗读下面的词和短语，并记住它们的意思

Lesen Sie die folgenden Wörter und Phrasen laut. Merken Sie sich die Bedeutung.

孩子（Kind）　女孩儿（Mädchen）　秋天（Herbst）

孙子（Enkel）　男孩儿（Junge）　香山（Fragrant Hills: Gebirgspark im Westen Pekings）

(17) 根据拼音写汉字，然后大声朗读，并想一想句子的意思

Schreiben Sie die Sätze in Schriftzeichen. Lesen Sie die Sätze laut und überlegen Sie, was sie bedeuten.

（1）Qiūtiān de tiānqì hǎo.

（2）Érzi de háizi shì sūnzi.

（3）Qiūtiān de Xiāng Shān měi bu měi?

（4）Zhè nánháir hé nǚháir zhōngjiān de rén shì wǒ.

(18) 按笔画顺序写出下面的汉字，并写出笔画数

Schreiben Sie die Schriftzeichen nach den Regeln der Strichfolge und geben Sie die Anzahl der Striche an

男（　　画）__________　香（　　画）__________

努（　　画）__________　秋（　　画）__________

孩（　　画）__________

二、本课复习 Wiederholung

妈	们	吗	汽	机	您	近	厅
应	习	可	这	起	风	同	医
区	国	因	男	努	历	史	间
问	孩	孙	禾	香	秋	和	

1 把上面的汉字写在下面相应的结构后

Ordnen Sie die oben angegebenen Schriftzeichen den folgenden Strukturen zu

左右结构 ⿰: ____________________

上下结构 ⿱: ____________________

左上包围结构 ⿸: ____________________

右上包围结构 ⿹: ____________________

左下包围结构 ⿺: ____________________

左上右包围结构 ⿵: ____________________

四面包围结构 ⿴: ____________________

2 给下列汉字注音并组词

Schreiben Sie zu den jeweiligen Schriftzeichen das *Pinyin* und bilden Sie mit den Schriftzeichen Wörter

例（Beispiel）：历 （ lì ） 历史

汽（ ）__________ 可（ ）__________

医（ ）__________ 国（ ）__________

因（ ）__________ 努（ ）__________

孩（ ）__________ 秋（ ）__________

3 按笔画顺序写出下面的汉字，并写出笔画数

Schreiben Sie die Schriftzeichen nach den Regeln der Strichfolge und geben Sie die Anzahl der Striche an

近（ 画）__________ 医（ 画）__________

应（ 画）__________ 史（ 画）__________

风（ 画）__________ 起（ 画）__________

4 在下面的方框中填上合适的部件，使它与中间的“口”字都能组成汉字

Tragen Sie in die Kästchen Subgrapheme ein, die mit “口” ein Schriftzeichen bilden. (Achten Sie dabei auf die Position der Kästchen.)

□

\+

□ + 口 + □

⑤ 根据拼音写汉字，并想想它们的意思

Schreiben Sie die Wörter in Schriftzeichen und finden Sie heraus, was die Wörter bedeuten

qìchē		kěyǐ		yìqǐ	
yīshēng		kěshì		nǔlì	
nánháir		yīnwèi			
qiūtiān		zhōngjiān			

⑥ 根据拼音写汉字，然后大声朗读，并想一想句子的意思

Schreiben Sie die Sätze in Schriftzeichen. Lesen Sie die Sätze laut und überlegen Sie, was sie bedeuten.

（1）Nǐ de shēntǐ hǎo ma?

（2）Wǒ kěyǐ kànkan nǐ de huàr ma?

（3）Wǒ mǎile qìchē, kěshì shì jiù chē.

（4）Wǒ tiāntiān nǔlì xiě Hànzì.

（5）Zhè nánháir hé nǚháir zhōngjiān de rén shì wǒ.

6 第六课 Lektion Sechs

一、同步练习 Übungen

1 写一写 Schreibübung

me	丿 ⺓ 么
么	么 么 么 么
gōng	丿 八 公 公
公	公 公 公 公
qù	一 十 土 去 去
去	去 去 去 去
zhī	一 十 步 支
支	支 支 支 支
nán	一 十 冂 冇 冇 冇 冇 南 南
南	南 南 南 南
mài	一 十 土 卉 卉 卖 卖 卖
卖	卖 卖 卖 卖
zhí	一 十 冇 冇 冇 有 直 直
直	直 直 直 直

shén 丿 亻 亻一 什

什

② 大声朗读下面的词和短语，并记住它们的意思

Lesen Sie die folgenden Wörter und Phrasen laut. Merken Sie sich die Bedeutung.

公斤（Kilogramm） 公开（öffentlich zugänglich） 什么（was）
公里（Kilometer） 去年（letztes Jahr） 为什么（warum）
东南（Südosten） 买卖（Kauf und Verkauf, Handel） 一直（andauernd）
西南（Südwesten） 卖东西（(Dinge) verkaufen）

③ 根据拼音写汉字，并想想它们的意思

Schreiben Sie die Wörter in Schriftzeichen und finden Sie heraus, was die Wörter bedeuten

nánmén ______ mǎi shénme ______
dōngnán ______ yìzhí kàn shū ______
qùnián ______ sì gōnglǐ ______

④ 写出下面的汉字有几个部件，分别是什么

Schreiben Sie die Subgrapheme der folgenden Schriftzeichen auf und geben Sie deren Anzahl an

例（Beispiel）：什（2） 亻、十

公（ ）______ 去（ ）______
支（ ）______ 南（ ）______
卖（ ）______ 直（ ）______

⑤ 写出含有下列部件的汉字，越多越好

Schreiben Sie möglichst viele Schriftzeichen, die die folgenden Subgrapheme enthalten

十：______ 厶：______

⑥ 写一写 Schreibübung

zuǒ 一 ナ ナ 左 左

左

yòu 右

一 ナ 才 右 右

zài 在

一 ナ た 在 在 在

yǒu 友

一 ナ 方 友

yǒu 有

一 ナ 才 有 有 有

7 大声朗读下面的词和短语，并记住它们的意思

Lesen Sie die folgenden Wörter und Phrasen laut. Merken Sie sich die Bedeutung.

正在（gerade dabei sein (etwas zu tun)）　　在西门（am West-Tor）

8 把下面的德语翻译成汉语，并用汉字写出来

Übersetzen Sie in chinesische Schriftzeichen

linke Hand（　　　　）　　rechte Hand（　　　　）

9 写出含有下列部件的汉字

Schreiben Sie Schriftzeichen, die das folgende Subgraphem enthalten

ナ：＿＿＿＿＿＿＿＿

10 写一写 Schreibübung

yuán 元

一 二 テ 元

xiān
丿 𠂉 𠂉 生 生 先
先

xiōng
丨 口 口 尸 兄
兄

kè
一 十 十 古 古 声 克
克

fǎn
一 厂 万 反
反

hòu
一 厂 斤 斤 后 后
后

11 大声朗读下面的词和短语，并记住它们的意思

Lesen Sie die folgenden Wörter und Phrasen laut. Merken Sie sich die Bedeutung.

先生（Herr; Ehemann） 反应（Reaktion） 后面（hinten; Rückseite）
千克（Kilogramm） 反正（sowieso） 以后（später; nachdem）

三千七百九十元（3.790 *Yuan*） 六个月以后（nach sechs Monaten）
五千四百八十元（5.480 *Yuan*） 一年以后（nach einem Jahr）

先上后下（erst einsteigen, dann aussteigen）
我先买了马，又买了车。（Ich kaufte erst ein Pferd, dann kaufte ich ein Auto.）

12 写出下面的汉字有几个部件，分别是什么

Schreiben Sie die Subgrapheme der folgenden Schriftzeichen auf und geben Sie deren Anzahl an

先（ ）__________ 克（ ）__________

反（　　　　）＿＿＿＿＿＿＿　　后（　　　　）＿＿＿＿＿＿＿

⑬ 写出含有下列部件的汉字，越多越好

Schreiben Sie möglichst viele Schriftzeichen auf, die die folgenden Subgrapheme enthalten

儿：＿＿＿＿＿＿＿＿＿　　⺁：＿＿＿＿＿＿＿＿＿

⑭ 写一写 Schreibübung

⑮ 大声朗读下面的词和短语，并记住它们的意思

Lesen Sie die folgenden Wörter und Phrasen laut. Merken Sie sich die Bedeutungen.

弟弟（jüngerer Bruder）　　一半（Hälfte）

兄弟（Brüder）　　半天（halber Tag; eine lange Zeit）

前面（vorn; Vorderseite） 开关（Schalter）
以前（früher; vorher; bevor） 关心（sich sorgen, Anteil nehmen）
立刻（sofort） 关门（Tür schließen）

上来（hoch-/heraufkommen） 上不来（nicht heraufkommen können）
下来（herunterkommen） 下不来（nicht herunterkommen können）

16 把下面的德语翻译成汉语，并用汉字写出来

Übersetzen Sie in chinesische Schriftzeichen

herauskommen（ ） herunterkommen（ ）
hinausgehen（ ） hinuntergehen（ ）
nicht herauskommen können（ ）
nicht herunterkommen können（ ）
nicht hinausgehen können（ ）
nicht hinuntergehen können（ ）

17 写一写 Schreibübung

zhǐ/zhī 只

gòng 共

tóu 头

yǔ 雨

mǔ 母

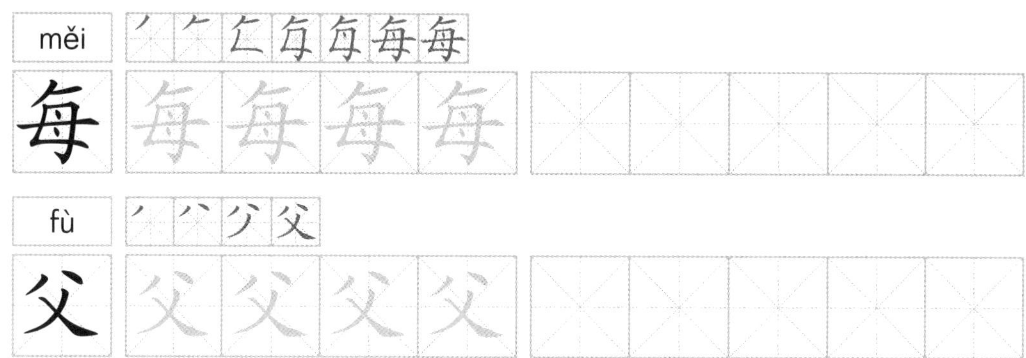

18 大声朗读下面的词和短语，并记住它们的意思

Lesen Sie die folgenden Wörter und Phrasen laut. Merken Sie sich die Bedeutungen.

只好（am besten; müssen）
只是（lediglich, nur）

一共（insgesamt）
公共（öffentlich）

父亲（Vater）
母亲（Mutter）
* 亲 qīn（enge Verwandte）
父母（Eltern）

每人（jeder Mensch）
每天（jeden Tag）
下雨（regnen）
下雨了（es hat geregnet）

19 大声朗读下面的句子，并想想它们的意思

Lesen Sie die Sätze laut und überlegen Sie, was sie bedeuten könnten

（1）我家一共有四口人：父亲、母亲、弟弟和我。
（2）你看，外面下大雨了。
（3）我们每人每天写二十个汉字。
（4）公共汽车来了，我们一起上了车。

二、本课复习 Wiederholung

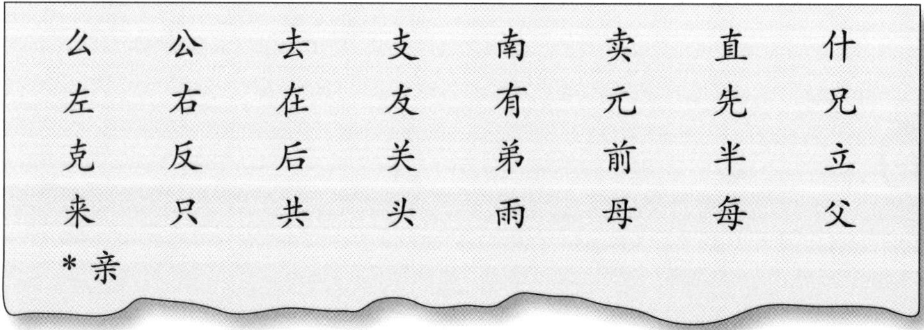

么	公	去	支	南	卖	直	什
左	右	在	友	有	元	先	兄
克	反	后	关	弟	前	半	立
来	只	共	头	雨	母	每	父
* 亲							

① 写出含有下列部件的汉字

Schreiben Sie Schriftzeichen, die die folgenden Subgrapheme enthalten

十：____________　　厶：____________

厂：____________　　儿：____________

② 按笔画顺序写出下面的汉字，并写出笔画数

Schreiben Sie die Schriftzeichen nach den Regeln der Strichfolge und geben Sie die Anzahl der Striche an

在（　　画）____________　　雨（　　画）____________

弟（　　画）____________　　母（　　画）____________

半（　　画）____________

③ 写 出 下 列 汉 字 的 部 件 Schreiben Sie die Subgrapheme der folgenden Schriftzeichen auf

卖（　　　　）　　南（　　　　）

前（　　　　）　　每（　　　　）

④ 给下列汉字注音并组词

Schreiben Sie zu den jeweiligen Schriftzeichen *Pinyin* auf und bilden Sie mit den Schriftzeichen Wörter

只（　　　）____________　　前（　　　）____________

共（　　　）____________　　后（　　　）____________

父（　　　）____________　　立（　　　）____________

⑤ 根据拼音写汉字，并想想它们的意思

Schreiben Sie die Wörter in Schriftzeichen und finden Sie heraus, was die Wörter bedeuten

qùnián		xiānsheng		yìqǐ	
yìzhí		xiōngdì		yǐhòu	
lìkè		zhèngzài		wèi shénme	
yíbàn		gōnggòng		měi tiān	

6 根据拼音写汉字，然后大声朗读，并想一想句子的意思

Schreiben Sie die Sätze in Schriftzeichen. Lesen Sie die Sätze laut und überlegen Sie, was sie bedeuten.

（1）Wǒ guānxīn fùmǔ, fùmǔ yě guānxīn wǒ.

（2）Wǒ měi tiān shíyī diǎn xiūxi, nǐ jǐ diǎn xiūxi?

（3）Lái zhèr yǐqián, wǒ shì yí ge yīshēng.

（4）Wǒ dìdi zhèngzài kàn shū.

（5）Gōnggòng qìchē shang rén bù shǎo, wǒ shàng bu qù.

7 第七课 Lektion Sieben

一、同步练习 Übungen

1 写一写 Schreibübung

fāng	方
jiāo	交
shì	市
Jīng	京
gāo	高
xìng	兴
xué	学

jué/jiào	丶 丷 ⺍ ⺍ 𭕄 𭕄 ⺍ 觉 觉
觉	觉 觉 觉 觉

② 大声朗读下面的词和短语，并记住它们的意思

Lesen Sie die folgenden Wörter und Phrasen laut. Merken Sie sich die Bedeutungen.

南京市（Nanjing） 方面（Ansicht, Aspekt） 方向（Richtung）
东京市（Tokyo） 高兴（fröhlich, erfreut） * 向 xiàng（Richtung）

高中（Oberstufe der Sekundarschule） 学生（Schüler, Student）
学习（lernen） 同学（Klassenkamerad/in, Kommilitone/in）

③ 大声朗读下面的句子，并想想它们的意思

Lesen Sie die Sätze laut und überlegen Sie, was sie bedeuten könnten

（1）这方面的事，我不太明白。
（2）我的弟弟正在上高中。
（3）我父亲去南京买了不少书。

④ 写出下面的汉字有几个部件，分别是什么

Schreiben Sie die Subgrapheme der Schriftzeichen auf und geben Sie deren Anzahl an

高（　　）＿＿＿＿＿＿　　京（　　）＿＿＿＿＿＿
市（　　）＿＿＿＿＿＿　　交（　　）＿＿＿＿＿＿

⑤ 写一写 Schreibübung

dōng	ノ 夕 夂 冬 冬
冬	冬 冬 冬 冬

wù	ノ 夕 夂 务 务
务	务 务 务 务

tiáo

丿 夂 夂 冬 夅 条 条

条 条 条 条 条

xià

一 丆 丆 百 百 百 百 頁 夏 夏

夏 夏 夏 夏 夏

fù

丿 𠂉 𠂉 㐅 复 复 复 复 复

复 复 复 复 复

wǎng

丨 冂 冂 冈 网 网

网 网 网 网 网

liǎng

一 丆 丙 丙 两 两 两

两 两 两 两 两

yòng

丿 刀 月 月 用

用 用 用 用 用

zhōu

丿 刀 月 月 用 周 周 周

周 周 周 周 周

6 大声朗读下面的词和短语，并记住它们的意思

Lesen Sie die folgenden Wörter und Phrasen laut. Merken Sie sich die Bedeutungen.

冬天（Winter）复习（Wiederholung; nachbereiten） 上网（ins Internet gehen）
夏天（Sommer）反复（wiederholt, immer wieder）网上（im Internet）

有用（nützlich） 周日（Sonntag）
用心（aufmerksam, sorgfältig） 周二（Dienstag）

7 把下面的德语翻译成汉语，并用汉字写出来

Übersetzen Sie in chinesische Schriftzeichen

Montag	(　　　)	zwei Personen	(　　　)
Mittwoch	(　　　)	2:30 Uhr	(　　　)
Donnerstag	(　　　)	zwei Tage	(　　　)
Freitag	(　　　)	zwei Monate	(　　　)
Samstag	(　　　)	zwei Jahre	(　　　)

8 写出下面的汉字有几个部件，分别是什么

Schreiben Sie die Subgrapheme der Schriftzeichen auf und geben Sie deren Anzahl an

务 (　　) ________	冬 (　　) ________
夏 (　　) ________	复 (　　) ________
学 (　　) ________	觉 (　　) ________

9 写一写 Schreibübung

dāng 当

táng 堂

cháng 常

cháng 尝

lǎo 老

kǎo 一 十 土 耂 耂 考

考 考 考 考 考

zhě 一 十 土 耂 耂 者 者 者

者 者 者 者 者

⑩ 大声朗读下面的词和短语，并记住它们的意思

Lesen Sie die folgenden Wörter und Phrasen laut. Merken Sie sich die Bedeutungen.

老人（ältere Person） 常常（oft） 当医生（als Arzt tätig sein）

老师（Lehrer/in） 尝尝（probieren, kosten） 当老师（als Lehrer tätig sein）

* 师 shī（Meister; Lehrer）

⑪ 写出下面的汉字有几个部件，分别是什么

Schreiben Sie die Subgrapheme der Schriftzeichen auf und geben Sie deren Anzahl an

常（ ）____________ 尝（ ）____________

考（ ）____________ 者（ ）____________

⑫ 大声朗读下面的句子，并想想它们的意思

Lesen Sie die Sätze laut und überlegen Sie, was sie bedeuten könnten

（1）这本书有用，你去买本吧（ba，*Modalpartikel für höfliche Vorschläge*）。

（2）我常常去南京。

（3）看见你也来了，我太高兴了。

（4）这两个月，我一直在学习。

（5）明天考汉字，你复习好了吗？

⑬ 写一写 Schreibübung

shuāng フ ヌ 对 双

双 双 双 双 双

péng	丿 刀 月 月 肌 朋 朋 朋
朋	朋 朋 朋 朋

duō	丿 ク 夕 多 多 多
多	多 多 多 多

gē	一 丅 亓 可 可 哥 哥 哥 哥 哥
哥	哥 哥 哥 哥

huí	丨 冂 冂 冋 回 回
回	回 回 回 回

bǐ	一 ト 比 比
比	比 比 比 比

xíng	丿 彡 彳 彳 行 行
行	行 行 行 行

zhú	丿 𠂉 个 竹 竹 竹
竹	竹 竹 竹 竹

běi	丨 丬 丬 北 北
北	北 北 北 北

fēi	丨 丿 三 非 非 非 非 非
非	非 非 非 非

14 大声朗读下面的词和短语，并记住它们的意思
Lesen Sie die folgenden Wörter und Phrasen laut. Merken Sie sich die Bedeutungen.

朋友（Freund） 多少（wie viel） 回来（zurückkommen）
行人（Fußgänger） 非常（sehr; äußerst） 回去（zurückgehen）

两双手（zwei Paar Hände） 去了两回（zwei Mal hingegangen sein）
交朋友（Freundschaft schließen） 来了两回（zwei Mal hergekommen sein）

举行（abhalten; veranstalten） 旅行（Reise; verreisen）
* 举 jǔ（heben, hochheben） * 旅 lǚ（Reise, Ausflug）

我比你大。（Ich bin älter als du.）
十比八多两个。（Zehn ist um Zwei größer als Acht.）

15 把下面的德语翻译成汉语，并用汉字写出来
Übersetzen Sie in chinesische Schriftzeichen

（1）wie viele Personen （　　　　）
（2）wie viele Hefte （　　　　）
（3）wie viele Tage （　　　　）

16 根据拼音写汉字，然后大声朗读，并想一想句子的意思
Schreiben Sie die Sätze in Schriftzeichen. Lesen Sie die Sätze laut und überlegen Sie, was sie bedeuten.

（1）Nǐ jǐ diǎn huílai?

（2）Nǐ yǒu jǐ ge hǎo péngyou?

（3）Wǒ yǒu liǎng ge hǎo péngyou, shì wǒ de tóngxué.

（4）Wǒ bǐ nǐ dà.

二、本课复习 Wiederholung

方	交	市	京	高	兴	学	觉
冬	务	条	夏	复	网	两	用
周	当	堂	常	尝	老	考	者
双	朋	多	哥	回	比	行	竹
北	非						

*向 (*师) *举 *旅

1 把上面的汉字写在下面相应的结构后

Ordnen Sie die oben angegebenen Schriftzeichen den folgenden Strukturen zu

⿲: ______________________

⿱: ______________________

⿰: ______________________

⿱: ______________________

⿵: ______________________

⿴: ______________________

2 写出含有下列部件的汉字，越多越好

Schreiben Sie möglichst viele Schriftzeichen auf, die die folgenden Subgrapheme enthalten

又（ ）　　月（ ）

木（ ）　　夕（ ）

3 按笔画顺序写出下面的汉字，并写出笔画数

Schreiben Sie die Schriftzeichen nach den Regeln der Strichfolge und geben Sie die Anzahl der Striche an.

北（ 画）__________　　周（ 画）__________

高（ 画）__________　　考（ 画）__________

4 给下列汉字注音并组词

Schreiben Sie zu den jeweiligen Schriftzeichen *Pinyin* auf und bilden Sie Wörter mit den Schriftzeichen

行（ ）__________　　竹（ ）__________

北（ ）________ 比（ ）________

市（ ）________ 周（ ）________

________ ________

学（ ）________ 高（ ）________

________ ________

5 从“本课复习”的汉字框中找出合适的字，填在句子中的画线部分上

Füllen Sie die passenden Schriftzeichen in die Lücken. Verwenden Sie dabei die im Kasten der vorhergehenden Seite angegebenen Schriftzeichen.

（1）我们每天________习二十个汉字。

（2）________日我们常常在家休息。

（3）我的身体________你的身体好。

（4）我家有六口人，你家有四口人。我家比你家多________口人。

（5）我有一个好________友，是日本人。

（6）你来我非________高兴。

6 根据拼音写汉字，并想想它们的意思

Schreiben Sie die Wörter in Schriftzeichen und finden Sie heraus, was die Wörter bedeuten

péngyou ________ gāoxìng ________ zhōurì ________

dōngtiān ________ fēicháng ________ tóngxué ________

7 根据拼音写汉字，然后大声朗读，并想一想句子的意思

Schreiben Sie die Sätze in Schriftzeichen. Lesen Sie die Sätze laut und überlegen Sie, was sie bedeuten.

（1）Wǒ zài Běijīng xuéxí.

（2）Wǒ zhōuliù qù Nánjīng.

（3）Xiàtiān wǒ zài Běijīng, dōngtiān wǒ zài Nánjīng.

（4）Wǒ de péngyou bǐ nǐ de shǎo.

（5）Nǐ yǒu duōshao ge běnzi?

8 第八课 Lektion Acht

一、同步练习 Übungen

1 写一写 Schreibübung

tā
他

tǐ
体

wèi
位

zhù
住

zuò
作

xìn
信

wǎng
往

hěn 丿 彳 彳 彳 彳 彳 彳 彳 很

很 很 很 很 很

de 丿 彳 彳 彳 彳 彳 彳 彳 彳 得 得

得 得 得 得 得

2 大声朗读下面的词和短语，并记住它们的意思

Lesen Sie die folgenden Wörter und Phrasen laut. Merken Sie sich die Bedeutung.

他们（sie <they>）
作业（Hausaufgaben）
工作（Arbeit, Job）

写信（einen Brief schreiben）
回信（zurückschreiben）
来信（eingetroffener Brief）

很近（sehr nahe）
很努力（sehr fleißig）
很高兴（sehr erfreut）

觉得（meinen, finden）
上得去（hinaufgehen können ）
下得来（herunterkommen können）
回得来（zurückkommen können）

一封信（ein Brief）
* 封 fēng（*ZEW für Brief*）

寄信（einen Brief schicken）
* 寄 jì（schicken, senden）

3 根据拼音写汉字，并想想句子的意思

Tragen Sie die fehlenden Schriftzeichen ein. Was könnten die Sätze bedeuten?

(1) 我学习________（hěn）努力，我父母________（hěn）高兴。
(2) 这山不太高，我们________（shàng de qù）。
(3) 今天我们的汉字________（zuòyè）不多。
(4) 他的________（gōngzuò）是看信。
(5) 我________（juéde）住在这儿比在家好。

4 写出带有下列偏旁的汉字

Schreiben Sie Schriftzeichen, die die folgenden Komponenten enthalten

亻: __________________ 彳: __________________

5 写一写 Schreibübung

6 大声朗读下面的词语，并记住它们的意思

Lesen Sie die folgenden Wörter laut. Merken Sie sich die Bedeutung.

听见（jemanden /etwas hören） 好吃（gut schmeckend, lecker）

听写（Diktat） 好听（schön klingend, schön anzuhören）

7 根据拼音写汉字，并想想句子的意思

Tragen Sie die fehlenden Schriftzeichen ein. Was könnten die Sätze bedeuten?

（1）我＿＿＿＿＿（jiào）王林，你＿＿＿＿＿（jiào）什么？

(2) 这个很香，你__________(chī) 一点儿尝尝__________(ba)。
(3) 我去买点儿什么__________(ne)?
(4) 我__________(chàng) 得不__________(hǎotīng)。

8 写一写 Schreibübung

shuō 说
yǔ 语
huà 话
rèn 认
shí 识
qǐng 请
kè 课

shì	丶 讠 讠 订 讦 讧 试 试
试	试 试 试 试

ràng	丶 讠 讠 计 让
让	让 让 让 让

gāi	丶 讠 讠 订 讠 该 该 该
该	该 该 该 该

⑨ 大声朗读下面的词和短语，并记住它们的意思

Lesen Sie die folgenden Wörter und Phrasen laut. Merken Sie sich die Bedeutung.

听说（etw. gesagt bekommen, gehört haben） 认识（jmn. kennen）
课文（Lektionstext） 应该（sollen, müssen）
考试（Prüfung, prüfen） 说明（erklären; Erläuterung）

说话（sprechen, reden） 汉语（Chinesisch） 上课（Unterricht beginnen）
电话（Telefon） 日语（Japanisch） 下课（Unterricht beenden）

⑩ 根据拼音写汉字，并想想句子的意思

Tragen Sie die fehlenden Schriftzeichen ein. Was könnten die Sätze bedeuten?

（1）你的______（Hànyǔ）说得很好。
（2）我听见有人在______（shuō huà）。
（3）我没看见______（shuōmíng），不会（huì，can）用这个机子。
（4）下午有汉字______（kǎoshì），我______（yīnggāi）好好复习。
（5）我们每天八点______（shàng kè），十二点______（xià kè）。
（6）我的______（diànhuà）是62375698。

⑪ 写出带有下列偏旁的汉字

Schreiben Sie Schriftzeichen, die die folgenden Komponenten enthalten

口：______________________ 讠：______________________

12 写一写 Schreibübung

tā	她
jiě	姐
mèi	妹
nǎi	奶
xìng	姓
yào	要
shǐ	始

13 大声朗读下面的词语，并记住它们的意思

Lesen Sie die folgenden Wörter laut. Merken Sie sich die Bedeutung.

她们（sie <weiblich>）
姓名（Name; Familien- und Personenname）
姐姐（ältere Schwester）
要是（falls, wenn）
妹妹（jüngere Schwester）
要么（entweder, oder）
奶奶（Großmutter *väterlicherseits*）
开始（beginnen, anfangen）

14 根据拼音写汉字，并想想句子的意思

Tragen Sie die fehlenden Schriftzeichen ein. Was könnten die Sätze bedeuten?

（1）________（tāmen）是我的同学，是日本人。

（2）你________（xìng）什么？叫什么名字？

（3）我________（yào）去买东西，你去不去？

（4）我是从 1999 年________（kāishǐ）学习汉语的。

15 写一写 Schreibübung

16 大声朗读下面的词语，并记住它们的意思
Lesen Sie die folgenden Wörter laut. Merken Sie sich die Bedeutung.

今天（heute）　食堂（Mensa, Kantine）　社会（Gesellschaft）
今年（dieses Jahr）　开会（Sitzung abhalten）　* 社 shè（Gesellschaft; Organisation）

17 写出带有下列偏旁的汉字
Schreiben Sie Schriftzeichen, die die folgenden Komponenten enthalten

女：________________　人：________________

18 写一写　Schreibübung

xiè
谢 谢 谢 谢 谢

zuò
做 做 做 做 做

nǎ
哪 哪 哪 哪 哪

yì
意 意 意 意 意

lèi
累 累 累 累 累

cān
参 参 参 参 参

19 大声朗读下面的词和短语，并记住它们的意思

Lesen Sie die folgenden Wörter laut. Merken Sie sich die Bedeutung.

谢谢（danke, sich bedanken） 哪儿（wo）
做作业（Hausaufgaben machen） 意见（Ansicht, Meinung）
哪个（welche/-r/-s） 非常累（sehr erschöpft sein）
注意（auf jmdn./etw. achten, beachten） 参加（teilnehmen）
* 注 zhù（eingießen; sich konzentrieren） * 加 jiā（hinzufügen）

20 根据拼音写汉字，并想想句子的意思

Tragen Sie die fehlenden Schriftzeichen ein. Was könnten die Sätze bedeuten?

（1）我________（cānjiā）了 HSK 考试，可是考得不好。
（2）我非常________（lèi），要休息休息。
（3）我要________（zuò）作业了。
（4）我打听一下，学七楼在________（nǎr）？
（5）房间里________（nǎge）桌子是你的？
（6）________（xièxie）你常常来看我。

21 写一写 Schreibübung

xiǎng 想
一 十 才 木 札 机 相 相 相 相 想 想 想
想 想 想 想

xiāng 相
一 十 才 木 札 机 相 相 相
相 相 相 相

yīn 音
丶 亠 亠 立 立 产 音 音 音
音 音 音 音

shù 树

cūn 村

duì 对

22 大声朗读下面的词语，并记住它们的意思

Lesen Sie die folgenden Wörter laut. Merken Sie sich die Bedeutung.

相信（glauben; vertrauen） 村子（Dorf） 对不起（Entschuldigung!）

互相（gegenseitig, einander）树林（Wald） 音乐（Musik）

* 互 hù（gegenseitig） * 乐 yuè（Musik）

23 根据拼音写汉字，并想想句子的意思

Tragen Sie die fehlenden Schriftzeichen ein. Was könnten die Sätze bedeuten?

（1）我__________（xiǎng）周日去南京，你__________（xiǎng bu xiǎng）去？

（2）我们一起学习汉语，要__________（hùxiāng）帮助。

（3）我__________（xiāngxìn）你，你也__________（xiāngxìn）我吗？

（4）你家在十七楼，__________（duì bu duì）？

（5）村子前有一片（piàn, *ZEW*）小__________（shùlín）。

（6）__________（duìbuqǐ），我没听见你说什么。

二、本课复习 Wiederholung

他	体	位	住	作	信	往	很
得	叫	吃	唱	吧	呢	听	说
语	话	认	识	请	课	试	让
该	她	姐	妹	奶	姓	要	始
介	今	会	全	舍	食	谢	做
哪	意	累	参	想	相	音	树
村	对						
*封	*寄	*社	*注	*加	*互	(*乐)	

1 把上面的汉字写在下面相应的结构后

Ordnen Sie die im Kasten angegebenen Schriftzeichen den folgenden Strukturen zu

⊟: ______________________________

Ⅲ: ______________________________

2 写出下列偏旁的笔画数

Geben Sie die Strichanzahl der folgenden Komponenten an

亻(　　) 彳(　　) 口(　　) 讠(　　) 女(　　)

3 写出带有下列偏旁的汉字

Schreiben Sie Schriftzeichen, die die folgenden Komponenten enthalten

亻: ______________ 彳: ______________

口: ______________ 讠: ______________

女: ______________

4 连线组字 Verbinden Sie die Komponenten zu Schriftzeichen

亻	乃
彳	斤
讠	亍
口	木
女	果

亻	艮
彳	尼
讠	乍
口	台
女	舌

5 查字典，写出下列汉字的拼音和意思

Schlagen Sie die folgenden Schriftzeichen in einem Wörterbuch nach. Schreiben Sie *Pinyin* und Bedeutung auf.

使（　　）____________　　记（　　）____________

讲（　　）____________　　让（　　）____________

词（　　）____________　　喝（　　）____________

伴（　　）____________　　嘴（　　）____________

6 根据拼音写汉字，并想想句子的意思

Tragen Sie die fehlenden Schriftzeichen ein. Was könnten die Sätze bedeuten?

（1）你________（rènshi）他吗？

（2）你住在________（nǎr）？

（3）我是从 2000 年________（kāishǐ）学汉语的。

（4）A：你的汉语说得很好！

B：________（xièxie）！

（5）我家一共有七口人：父亲、母亲、________（jiějie）、弟弟、________（mèimei）和我。

9 第九课
Lektion Neun

一、同步练习 Übungen

1 写一写 Schreibübung

bīng	冰
lěng	冷
liáng	凉
cì	次
jué	决

2 大声朗读下面的词和短语，并记住它们的意思

Lesen Sie die folgenden Wörter und Phrasen laut. Merken Sie sich die Bedeutungen.

决心（Entschluss）　凉水（kühles Wasser）
冷风（kalter Wind）　冰水（Eiswasser）

一次（einmal）　去了一次（schon einmal dort gewesen sein）
两次（zweimal）　看了两次（bereits zweimal gesehen haben）

3 根据拼音写汉字，并想想句子的意思

Tragen Sie die fehlenden Schriftzeichen ein. Was könnten die Sätze bedeuten?

（1）我去东京（Tokyo）去了________（liǎng cì），你去了________（jǐ cì）？

（2）我________（juéxīn）以后好好学习，天天上课。

（3）夏天我常自己做________（bīngshuǐ）。

4 写一写 Schreibübung

jiāng 江

shēn 深

jiǔ 酒

xǐ 洗

zǎo 澡

yóu 游

5 大声朗读下面的词和短语，并记住它们的意思

Lesen Sie die folgenden Wörter und Phrasen laut. Merken Sie sich die Bedeutungen.

长江（Fluss Yangtse, *Changjiang*） 白酒（klarer Schnaps）

洗澡（sich waschen）

深浅（Tiefe） 啤酒（Bier） 游泳（schwimmen）

* 浅 qiǎn（flach, seicht） * 啤 pí（Bier）

没有（nicht haben, es gibt nicht） 办法（Methode; Lösung）

有没有（haben oder nicht haben） 方法（Methode; Vorgehensweise）

6 根据拼音写汉字，并想想句子的意思

Tragen Sie die fehlenden Schriftzeichen ein. Was könnten die Sätze bedeuten?

（1）吃东西以前该________（xǐ shǒu）。

（2）夏天，我用冷水________（xǐzǎo）。

（3）我参加了学校的________（yóuyǒng）队（duì，Team）。

（4）这事儿，你有什么好________（bànfǎ）吗？

（5）这条________（jiāng）不太________（shēn）。

7 写出带有下列偏旁的汉字

Schreiben Sie Schriftzeichen, die die folgenden Komponenten enthalten.

冫: ____________________ 氵: ____________________

8 写一写 Schreibübung

shí	丨 冂 月 日 日一 时 时
时	时 时 时 时
zuó	丨 冂 月 日 日′ 日𠂉 昨 昨 昨
昨	昨 昨 昨 昨
wǎn	丨 冂 月 日 日′ 日ク 日ク 晗 晗 晚 晚
晚	晚 晚 晚 晚
qī	一 十 卄 卄 甘 苴 其 其 期 期 期 期
期	期 期 期 期
cháo	一 十 十 古 古 吉 直 卓 朝 朝 朝 朝
朝	朝 朝 朝 朝
dù	丿 刀 月 月 月一 肚 肚
肚	肚 肚 肚 肚
liǎn	丿 刀 月 月 月′ 肸 肸 脸 脸 脸 脸
脸	脸 脸 脸 脸
pàng	丿 刀 月 月 月′ 月′′ 月⺌ 胖 胖
胖	胖 胖 胖 胖

fú 丿 刀 月 月 月' 肌 服 服

服 服 服 服 服

9 大声朗读下面的词和短语，并记住它们的意思

Lesen Sie die folgenden Wörter und Phrasen laut. Merken Sie sich die Bedeutungen.

时间（Zeit） 昨天（gestern） 服务（Service; Bedienung; bedienen）
小时（Stunde） 晚上（Abend） 衣服（Kleidung）
* 衣 yī（Kleidung）

学期（Semester） 肚子（Bauch） 日期（Datum）
期中（Mitte des Semesters） 胖子（dicke Person） 两个小时（zwei Stunden）

10 根据拼音写汉字，并想想句子的意思

Tragen Sie die fehlenden Schriftzeichen ein. Was könnten die Sätze bedeuten?

（1）周日________（wǎnshang）我去朋友家了。
（2）________（zuótiān），我看书看了两个________（xiǎoshí）。
（3）他是个________（pàngzi），________（dùzi）很大。
（4）这________（xuéqī）我们九月开始上课。
（5）你来中国多长________（shíjiān）了？
（6）这儿的________（fúwù）很好。

11 写出带有下列偏旁的汉字

Schreiben Sie Schriftzeichen, die die folgenden Komponenten enthalten

日：____________________ 月：____________________

12 写一写 Schreibübung

duì 了 阝 队 队

队 队 队 队 队

yáng
阳

yīn
阴

yuàn
院

chú
除

fù
附

nà
那

yóu
邮

dōu
都

13 大声朗读下面的词和短语，并记住它们的意思

Lesen Sie die folgenden Wörter und Phrasen laut. Merken Sie sich die Bedeutungen.

太阳（Sonne）　　医院（Krankenhaus）　　那儿（dort）

阴天（bewölkt）　　学院（Hochschule; Institut）

那么（dann, also; so, derart）　　附近（in der Nähe）

除了……以外（außer; abgesehen von...）

14 根据拼音写汉字，并想想句子的意思

Tragen Sie die fehlenden Schriftzeichen ein. Was könnten die Sätze bedeuten?

（1）我在外语________（xuéyuàn）学习日语。

（2）________（chúle）小王以外，我们________（dōu）去北京了。

（3）今天是________（yīntiān），没有________（tàiyáng）。

（4）我们学院________（fùjìn）有一家________（yīyuàn）。

15 写一写 Schreibübung

gòu 够

xiē 些

zuì 最

yuán 圆

néng 能

16 大声朗读下面的词和短语，并记住它们的意思

Lesen Sie die folgenden Wörter und Phrasen laut. Merken Sie sich die Bedeutungen.

可能（möglicherweise; vielleicht） 一些（einige; wenige）
能够（können; imstande sein） 有些（einige; wenige <als Satzanfang>）

最近（neulich; kürzlich） 够吃了（genug zu essen） 足够（genügend）
最圆（sehr rund; am rundesten） 不够吃（nicht genug zu essen）
* 足 zú（genügend）

17 根据拼音写汉字，并想想句子的意思

Tragen Sie die fehlenden Schriftzeichen ein. Was könnten die Sätze bedeuten?

（1）我________（kěnéng）要马上回国，不能参加考试了。

（2）我的________（yìxiē）朋友出国了，________（yǒuxiē）朋友去了美国。

（3）________（zuìjìn）我有点儿累，常常晚上十点休息。

（4）长江是中国________（zuì）长的江。

18 写出符合下列结构的汉字（1 ～ 2 个）

Schreiben Sie jeweils ein bis zwei Schriftzeichen, die die folgenden Strukturen aufweisen

⿱: ____________________ ⿰: ____________________

19 写一写 Schreibübung

zhī 知

hào 号

hé 合

20 大声朗读下面的词语，并记住它们的意思

Lesen Sie die folgenden Wörter laut. Merken Sie sich die Bedeutungen.

早上（Morgen; morgens） 部分（teilweise; ein Teil） 风景（Landschaft）

春天（Frühling） 全部（gesamt; das ganze） 体育（Sport）

早晨（Morgenstunde, früh morgens）

* 晨 chén（Morgen）

21 根据拼音写汉字，并想想句子的意思

Tragen Sie die fehlenden Schriftzeichen ein. Was könnten die Sätze bedeuten?

（1）________（chūntiān）的天气最好。

（2）我________（zǎoshang）七点起床，________（wǎnshang）十一点休息。

（3）我买了很多本子，一________（bùfen）自己用，一________（bùfen）给你。

（4）你自己不想去，我________（péi）你去。

（5）你的生日是几________（hào）？

（6）今天下午，我们有________（tǐyù）课。

22 写出含有下列部件的汉字

Schreiben Sie Schriftzeichen, die die folgenden Komponenten enthalten

日：____________________ 月：____________________

二、本课复习 Wiederholung

冰	冷	凉	次	决	江	深	酒
洗	澡	游	泳	没	法	时	昨
晚	期	朝	肚	脸	胖	服	队
阳	阴	院	除	附	那	邮	都
够	些	最	圆	能	知	号	合
早	景	易	春	育	陪	部	
*浅	*啤	（*衣）	*足	*晨			

1 把上面的汉字写在下面相应的结构后

Ordnen Sie die oben stehenden Schriftzeichen den folgenden Strukturen zu

⿰：____________________ ⿱：____________________

⿲：____________________ ⿴：____________________

⿳：____________________

② 写出带有下列形旁的汉字

Schreiben Sie Schriftzeichen, die die folgenden Signifika enthalten

冫：________　　　氵：________

日：________　　　月：________

阝：________

③ 给下列汉字注音并组词

Geben Sie zu den jeweiligen Schriftzeichen die *Pinyin*-Umschrift an. Bilden Sie mit den Schriftzeichen Wörter.

次（　　）________　　　决（　　）________

洗（　　）________　　　游（　　）________

期（　　）________　　　服（　　）________

院（　　）________　　　附（　　）________

④ 在下面的空格里填上适当的部件，使它和已有的部件组成一个字

Tragen Sie in die Kästchen Komponenten ein, die mit „ 日 " ein Schriftzeichen bilden. (Achten Sie dabei auf die Position der Kästchen.)

□ ＋ 日 ＋ □

＋

□

⑤ 根据拼音写汉字，并想想它们的意思

Schreiben Sie die Wörter in Schriftzeichen und finden Sie heraus, was die Wörter bedeuten

chūntiān ____　　quánbù ____　　xǐzǎo ____

xuéqī ____　　nénggòu ____　　yóuyǒng ____

bànfǎ ____　　fùjìn ____　　fúwù ____

⑥ 根据拼音写汉字，并想想句子的意思

Tragen Sie die fehlenden Schriftzeichen ein. Was könnten die Sätze bedeuten?

（1）我每天要________（xǐ liǎng cì zǎo）。

（2）我来北京的________（shíjiān）不长，才两个多月。

（3）我每天______________________________(kàn yí ge xiǎoshí de shū),
______________________________(xiě yí ge xiǎoshí de Hànzì)。

（4）______________(zuìjìn)，我父母要来北京看我。

（5）这次考试，汉字______________(bùfen)我考得不好。

（6）这个山的______________(fēngjǐng)比那个山的______________
(fēngjǐng)美。

10 第十课 Lektion Zehn

一、同步练习 Übungen

1 写一写 Schreibübung

zhuō 桌

jià 架

xiào 校

bǎn 板

yǐ 椅

lóu 楼

2 大声朗读下面的词和短语，并记住它们的意思

Lesen Sie die folgenden Wörter und Phrasen laut. Merken Sie sich die Bedeutungen.

桌子（Tisch）　书架（Buchregal）　一架飞机（ein Flugzeug）

椅子（Stuhl）　　学校（Schule）　　一张桌子（ein Tisch）

* 张 zhāng（*ZEW für flache Gegenstände wie Tische, Fotos, Bilder etc.*）

大楼（Hochhaus）　　上楼（im Haus hinaufgehen）

三楼（drittes Stockwerk）　　下楼（im Haus hinuntergehen）

3 根据拼音写汉字，并想想句子的意思

Tragen Sie die fehlenden Schriftzeichen ein. Was könnten die Sätze bedeuten?

（1）我家在十九________（lóu），很高。

（2）我们________（xuéxiào）不太大，学生也不太多。

（3）这儿有两张________（zhuōzi）和两把________（yǐzi），你先用吧。

（4）________（shūjià）上的书都是我自己买的。

4 写一写 Schreibübung

dǎ 打

zhǎo 找

bào 报

sǎo 扫

bǎ 把

guà 挂

jǐ 挤

5 大声朗读下面的词和短语，并记住它们的意思

Lesen Sie die folgenden Wörter und Phrasen laut. Merken Sie sich die Bedeutungen.

打听（sich erkundigen, nachfragen）

挂号（sich anmelden, eine Nummer ziehen）

打扫（sauber machen, putzen） 报名（sich einschreiben, sich anmelden）

找东西（nach etwas suchen） 一把椅子（ein Stuhl）

看报（Zeitung lesen）

6 根据拼音写汉字，并想想句子的意思

Write the characters according to the *pinyin* and think about the meanings of the sentences

（1）我想________（dǎting）一下，学七楼在哪儿？

（2）我要________（bàomíng）学习画画儿。

（3）这儿太脏（zāng，dirty）了，你应该________（dǎsǎo）一下。

（4）他________（bǎ）我的点心都吃了。

（5）我们________（bǎ）那张画儿________（guà）上去吧。

7 写出带有下列偏旁的汉字

Tragen Sie die fehlenden Schriftzeichen ein. Was könnten die Sätze bedeuten?

木：________________ 扌：________________

8 写一写 Schreibübung

hóng 红

lǜ
绿

zhǐ
纸

jīng
经

gěi
给

shào
绍

bié
别

dào
到

guā
刮

gāng
刚

9 大声朗读下面的词和短语，并记住它们的意思

Lesen Sie die folgenden Wörter und Phrasen laut. Merken Sie sich die Bedeutungen.

已经（schon, bereits）　刚才（gerade, vorhin）
介绍（vorstellen, Präsentation）
经常（oft, häufig）　刚刚（gerade eben）　报纸（Zeitung）

别人（andere Leute）　到处（überall）
别的（andere/-r/-s）　刮风（wehen (Wind)）

10 根据拼音写汉字，并想想句子的意思

Tragen Sie die fehlenden Schriftzeichen ein. Was könnten die Sätze bedeuten?

（1）我来北京________（yǐjīng）一年多了。
（2）晚上，我________（jīngcháng）去学校看书。
（3）你________（bié）说话，听他说说。
（4）学校里________（dàochù）都是________（lǜ）树。
（5）今天天气不好，________（guā）大风。
（6）除了我以外，________（bié de）同学都去上课了。

11 写出带有下列偏旁的汉字

Schreiben Sie Schriftzeichen, die die folgenden Komponenten enthalten

纟：____________　刂：____________

12 写一写 Schreibübung

wàng 忘

niàn 念

zěn 怎

sī
思

zhì
志

jí
急

gǎn
感

dēng
灯

shāo
烧

yān
烟

13 大声朗读下面的词和短语，并记住它们的意思

Lesen Sie die folgenden Wörter und Phrasen laut. Merken Sie sich die Bedeutungen.

怎么（wie, auf welche Weise） 意思（Bedeutung） 有意思（interessant）
想念（denken an, vermissen） 思想（Denken, Gedanken）
没有意思（uninteressant）

同志（Genosse, Kamerad） 感谢（danken） 电灯（elektrische Lampe）
杂志（Zeitschrift） 感到（fühlen, empfinden） 香烟（Zigarette）
* 杂 zá（verschieden, divers）

发烧（fiebern, Fieber haben） 感冒（sich erkälten; Erkältung）

* 发 fā（aussenden, schicken） * 冒 mào（emporquellen, hervorkommen）

抽烟（Zigarette rauchen） * 抽 chōu（herausziehen）

14 根据拼音写汉字，并想想句子的意思

Tragen Sie die fehlenden Schriftzeichen ein. Was könnten die Sätze bedeuten?

（1）我家的________（diàndēng）不亮（liàng，bright）了。

（2）今天我________（gǎnmào）了，有点儿________（fāshāo）。

（3）这些________（xiāngyān）都是朋友给我的。

（4）你说的话是什么________（yìsi）？我________（zěnme）不明白？

（5）我来中国一年多了，我很________（xiǎngniàn）我的父母。

（6）我________（wàng）了他叫什么名字了。

（7）这本书很________（yǒu yìsi），你看看吧。

（8）________（gǎnxiè）你来医院看我。

15 写出带有下列偏旁的汉字

Schreiben Sie Schriftzeichen, die die folgenden Komponenten enthalten

心：________________ 火：________________

16 写一写 Schreibübung

ná 拿

xì 系

jǐn 紧

qiē 一 七 切 切

切 切 切 切 切

sè ⺈ ⺈ 𠂊 ⺈ 色 色

色 色 色 色 色

xiàng 象

象 象 象 象 象

17 大声朗读下面的词和短语，并记住它们的意思
Lesen Sie die folgenden Wörter und Phrasen laut. Merken Sie sich die Bedeutungen.

拿东西（etwas an sich nehmen）
中文系（Chinesischabteilung; Sinologische Fakultät）
紧张（angespannt, nervös）　　外语系（Fremdsprachenfakultät）
* 张 zhāng（aufspannen）

红色（rot）　　大象（Elefant）
景色（Landschaft; Aussicht）　　对象（Partner/in）

18 根据拼音写汉字，并想想句子的意思
Tragen Sie die fehlenden Schriftzeichen ein. Was könnten die Sätze bedeuten?

（1）我买了两件（jiàn, *ZEW für Kleidung*）衣服，一件是________（hóngsè）的，一件是________（báisè）的。
（2）最近我妹妹找了一个________（duìxiàng），是个医生。
（3）桂林（die Stadt Guìlín）的________（jǐngsè）太美了！
（4）我________（hǎoxiàng）认识他，可是忘了他叫什么了。
（5）我参加 HSK 考试的时候（shíhou, während, als），有点儿__________（jǐnzhāng）。
（6）我的弟弟和妹妹正在上大学，弟弟在________（Wàiyǔxì）学日语，妹妹在________（Zhōngwénxì）学习。

⑲ 写出带有下列偏旁的汉字

Schreiben Sie Schriftzeichen, die die folgenden Komponenten enthalten

⺈: ____________________ 幺: ____________________

⑳ 写一写 Schreibübung

máng	忙
kuài	快
pà	怕
dǒng	懂
guàn	惯
rè	热
zhào	照

hēi	丶 冂 冂 冋 四 甲 里 里 里 黑 黑 黑
黑	黑 黑 黑 黑

21 大声朗读下面的词和短语，并记住它们的意思

Lesen Sie die folgenden Wörter und Phrasen laut. Merken Sie sich die Bedeutungen.

急忙（eilig, hastig）　习惯（gewohnt sein; Gewohnheit）

黑色（schwarz）

热心（warmherzig, freundlich）　照相（fotografieren）　黑板（Tafel）

* 相 xiàng（Bild, Aussehen）

照个相（ein Foto machen, fotografieren）

照张相（ein Foto machen, fotografieren）

听得懂（Gehörtes inhaltlich verstehen können）

听不懂（Gehörtes inhaltlich nicht verstehen können）

22 根据拼音写汉字，并想想句子的意思

Tragen Sie die fehlenden Schriftzeichen ein. Was könnten die Sätze bedeuten?

（1）王林是个________（rèxīn）的人。

（2）你说的是什么意思？我________（tīng bu dǒng）。

（3）我已经________（xíguàn）北京的天气了。

（4）请您给我们________（zhào ge xiàng），好吗？

（5）________（hēibǎn）上写的是什么？我看不见。

（6）我最近很________（máng），没有时间看书。

（7）我没有早上洗澡的________（xíguàn）。

23 写出带有下列偏旁的汉字

Schreiben Sie Schriftzeichen, die die folgenden Komponenten enthalten

灬：________________　　忄：________________

二、本课复习 Wiederholung

桌	架	校	板	椅	楼	打	找
报	扫	把	挂	挤	红	绿	纸
经	给	绍	别	到	刮	刚	忘
念	怎	思	志	急	感	灯	烧
烟	拿	系	紧	切	色	象	忙
快	怕	懂	惯	热	照	黑	
*张	*杂	(*发)	*冒	*抽	(*相)		

1. 把上面的汉字填在合适的结构后
   Ordnen Sie die oben stehenden Schriftzeichen den folgenden Strukturen zu.

   ⿰: ______________ ⿱: ______________

   ⿰: ______________ ⿱: ______________

2. 把下面意义相同的形旁归为一类，并各写出两个例字
   Ordnen Sie gleichbedeutende Signifika zu Gruppen. Schreiben Sie jeweils zwei Beispielzeichen dazu.

   刀、手、纟、刂、火、心、扌、灬、忄、幺、⺈

   ______________ ______________

   ______________ ______________

   ____

3. 写出两个含有下列部件的汉字，并注音、组词
   Bilden Sie mit den folgenden Subgraphemen jeweils zwei Schriftzeichen. Geben Sie die Pinyin-Umschrift in den Klammern an und bilden Sie Wörter.

   纟：______(　　　)______ 刂：______(　　　)______
   　　______(　　　)______ 　　______(　　　)______

   ⺈：______(　　　)______ 灬：______(　　　)______
   　　______(　　　)______ 　　______(　　　)______

忄：________（　　）________　　木：________（　　）________

________（　　）________　　________（　　）________

4 根据拼音写汉字，然后大声朗读句子，并想一想它们的意思

Tragen Sie die fehlenden Schriftzeichen ein und lesen Sie die Sätze laut. Was könnten die Sätze bedeuten?

（1）我不________（pà）天气冷，我________（pà）天气________（rè）。

（2）小王，你________（gāngcái）给我打电话了吗？

（3）我只________（zhǎodào）这一个工作。

（4）我想________（dǎting）一下，十四楼________（zěnme）走？

（5）春天到了，________（dàochù）都是________（lǜsè）的。

（6）我________（gǎnmào）了，有点儿________（fāshāo）。

（7）我给你们全家________（zhào ge xiàng）吧。

11 第十一课
Lektion Elf

一、同步练习 Übungen

1 写一写 Schreibübung

biān 边

guò 过

jìn 进

sòng 送

chí 迟

hái 还

yíng 迎

shì
适 适 适 适 适

dào
道 道 道 道 道

yuǎn
远 远 远 远 远

② 大声朗读下面的词和短语，并记住它们的意思

Lesen Sie die folgenden Wörter und Phrasen laut. Merken Sie sich die Bedeutungen.

前边（vorne; vor）　不过（aber; allerdings）　永远（für immer, ewig）
后边（hinten; hinter）　还是（oder <in Fragen>）　*永 yǒng（ewig）

过来（herüberkommen）　进来（hereinkommen）
过去（hinübergehen; Vergangenheit）　进去（hineingehen）

知道（wissen）　适合（passen, geeignet sein）
迟到（sich verspäten）　合适（passend）
去过上海（schon einmal in Shanghai gewesen sein）

③ 从所给词语中选择恰当的填空，然后大声朗读句子

Füllen Sie die im Kasten angegebenen Wörter in die Lücken. Lesen Sie danach die Sätze laut.

还是　迟到　适合　合适　送　过来　知道

（1）这本书是朋友________给我的。

（2）他今天上课________了，8:10 才来。

（3）这件衣服不大不小，很________。

（4）你是韩国（Hánguó, Korea）人________日本人？

（5）我的脸有点儿黑，白色的衣服不________我。

（6）请你________一下，我有话要说。

（7）你________他的名字吗？

④ 写出下列偏旁的笔画数，并写出带有这个偏旁的汉字

Geben Sie die Strichanzahl der Komponente an und bilden Sie Schriftzeichen

辶（　　画）：________________

⑤ 写一写 Schreibübung

cuò 丿 𠂉 𠂉 𠂉 钅 钅 钅 钅 钅 钅 钅 错 错

错 错 错 错 错

duàn 丿 𠂉 𠂉 𠂉 钅 钅 钅 钅 钅 钅 钅 钅 钅 锻

锻 锻 锻 锻 锻

6 大声朗读下面的词和短语，并记住它们的意思

Lesen Sie die folgenden Wörter und Phrasen laut. Merken Sie sich die Bedeutungen.

不错（nicht schlecht） 围巾（Halstuch, Schal） 错误（Fehler）
公园（Park） 周围（Umgebung, Umfeld） * 误 wù（Fehler）

分钟（Minute） 猜猜（raten）
钱包（Portemonnaie） 锻炼（trainieren, Sport treiben）
* 包 bāo（Tasche） * 炼 liàn（stählen; raffinieren）

7 从所给词语中选择恰当的填空，然后大声朗读句子

Füllen Sie die im Kasten angegebenen Wörter in die Lücken. Lesen Sie danach die Sätze laut.

分钟 周围 锻炼 公园 围巾 错 钱

(1) 我家________的景色很美，前边是个________，后边是条河（hé，Fluss）。
(2) 男朋友送给我一条红色的________。
(3) 他昨天上课迟到了十________。
(4) 我的________包里没有________了。
(5) 你说________了，我不是美国人。
(6) 我的身体不错，因为我每天早上________身体。

8 写出下列偏旁的笔画数，并写出带有这个偏旁的汉字

Geben Sie die Strichanzahl der folgenden Komponenten an. Bilden Sie Schriftzeichen mit den Komponenten.

口（ 画）：______________ 钅（ 画）：______________

⑨ 写一写 Schreibübung

fàn	饭
bǎo	饱
è	饿
guǎn	馆
māo	猫
gǒu	狗
zhū	猪
cāi	猜

10 大声朗读下面的词和短语，并记住它们的意思
Lesen Sie die folgenden Wörter und Phrasen laut. Merken Sie sich die Bedeutungen.

饭馆（Restaurant） 小猫（Kätzchen） 吃饭（essen）
图书馆（Bibliothek） 小狗（kleiner Hund） 早饭（Frühstück）

午饭（Mittagessen） 吃饱了（satt） 猜猜（Rate mal!）
晚饭（Abendessen） 没吃饱（nicht satt sein）

11 从所给词语中选择恰当的填空，然后大声朗读句子
Füllen Sie die im Kasten angegebenen Wörter in die Lücken. Lesen Sie danach die Sätze laut.

早饭 午饭 晚饭 图书馆 饭馆 小猫 饿 猜

（1）我家没有________，只有一只小狗。
（2）我每天 7 : 30 吃________，12 : 00 吃________，17 : 30 吃________。
（3）你________，他今年多大了？
（4）一天没吃东西，我太________了。
（5）周日我常去________吃饭。
（6）我们学校的________里有很多书和杂志。

12 写出带有下列偏旁的汉字
Schreiben Sie Schriftzeichen, die die folgenden Komponenten enthalten

饣：________________ 犭：________________

13 写一写 Schreibübung

yǎn
眼

jīng
睛

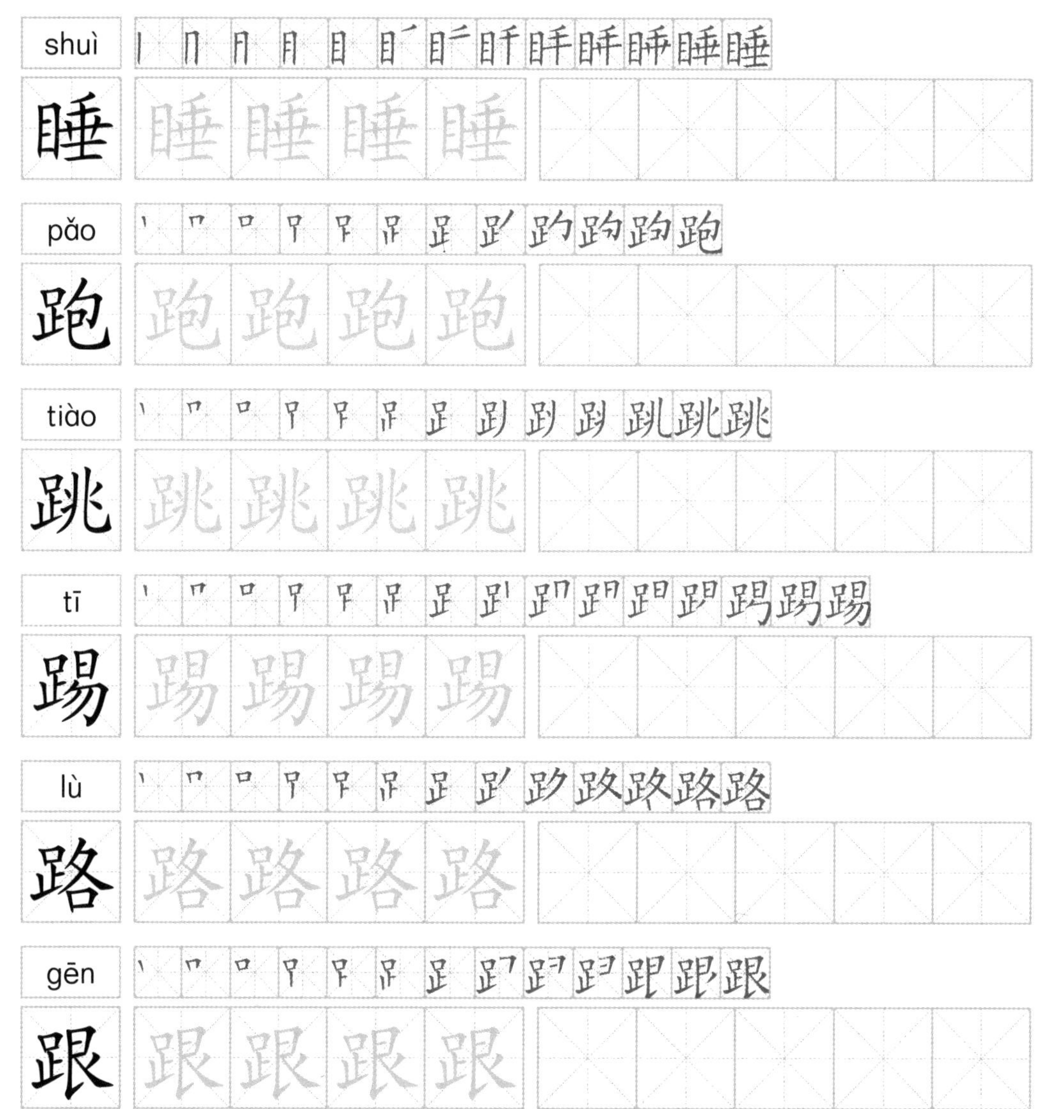

14 大声朗读下面的词和短语，并记住它们的意思

Lesen Sie die folgenden Wörter und Phrasen laut. Merken Sie sich die Bedeutungen.

眼睛（Auge） 公路（Landstraße）

路过（vorbeiführen (Straße, Buslinie)）

睡觉（schlafen） 马路（Straße） 道路（Weg, Pfad, Straße）

跑步（joggen, rennen） 跳舞（tanzen）

* 步 bù（Schritt） * 舞 wǔ（Tanz）

睡八个小时的觉（acht Stunden schlafen）

跑半个小时的步（eine halbe Stunde joggen）

15 从所给词语中选择恰当的填空，然后大声朗读句子

Füllen Sie die im Kasten angegebenen Wörter in die Lücken. Lesen Sie danach die Sätze laut.

眼睛　马路　跳舞　睡觉　跑步　跟

（1）昨天，我________朋友一起去香山了。

（2）________上车多、人多，过________时要小心。

（3）我每天早上六点________，晚上十点________。

（4）小王________跳得很好。

（5）那个女孩的________很大、很美。

16 写出带有下列偏旁的汉字

Schreiben Sie Schriftzeichen, die die folgenden Komponenten enthalten

目：________________　　足：________________

17 写一写 Schreibübung

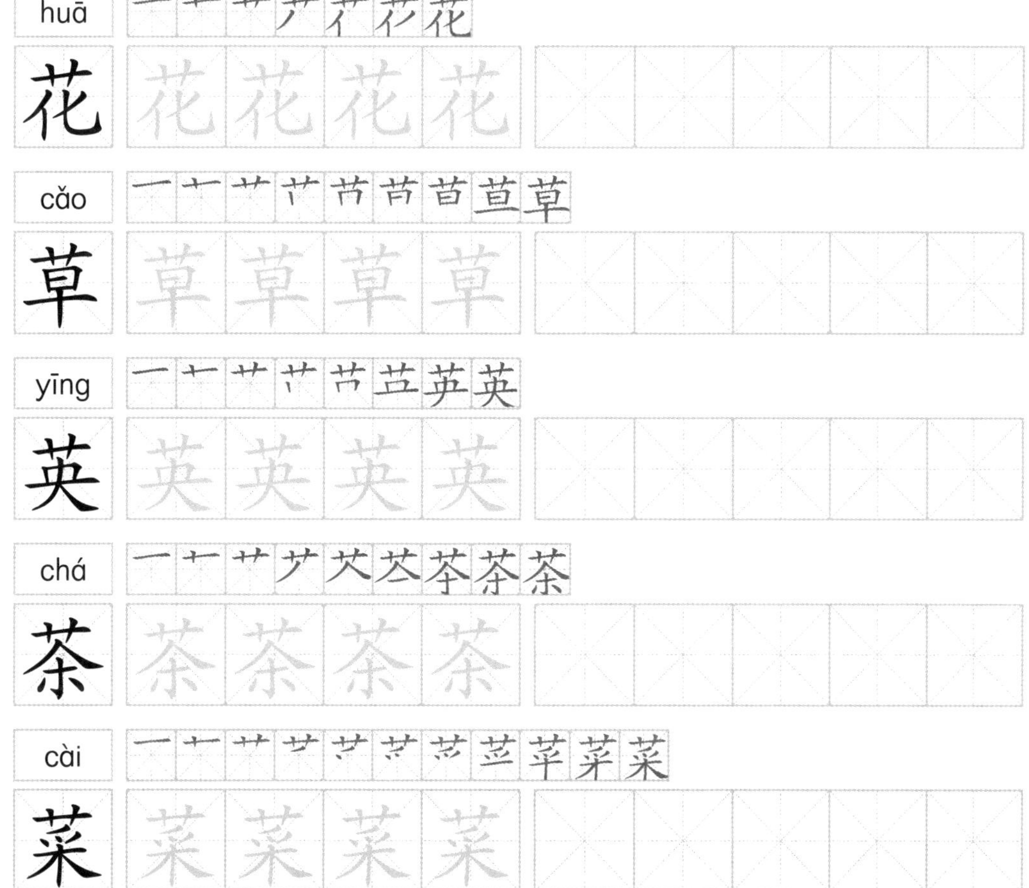

yào 一 十 艹 艹 艺 艺 药 药 药

药 药 药 药 药

jié 一 十 艹 节 节

节 节 节 节 节

18 大声朗读下面的词和短语，并记住它们的意思

Lesen Sie die folgenden Wörter und Phrasen laut. Merken Sie sich die Bedeutungen.

花园（Garten） 英语（Englisch） 切菜（Gemüse schneiden）
买花（Blumen kaufen） 英国（Großbritannien） 喝茶（Tee trinken）
*喝 hē（trinken）
中药（traditionelles chinesisches Medikament） 节目（Programm）
西药（westliches Medikament） 节日（Feiertag）
吃药（Medizin einnehmen） 过节（Fest feiern）

19 从所给词语中选择恰当的填空，然后大声朗读句子

Füllen Sie die im Kasten angegebenen Wörter in die Lücken. Lesen Sie danach die Sätze laut.

英国 英语 节目 花 草 药 茶

（1）春天到了，公园里的________开了，________绿了。
（2）她是________人，她的男朋友是美国人。
（3）你感冒了，吃点儿________吧。
（4）很多中国人都有喝________的习惯。
（5）我学________学了三个月了。
（6）你常常看什么电视（diànshì, TV）________？有意思吗？

20 写一写 Schreibübung

bǐ ノ ⺈ ⺮ ⺮ ⺮ ⺮ 竺 竺 笁 笔

笔 笔 笔 笔 笔

21 大声朗读下面的词和短语，并记住它们的意思
Lesen Sie die folgenden Wörter und Phrasen laut. Merken Sie sich die Bedeutungen.

钢笔（Füller）　回答（antworten）
毛笔（Pinsel）　答应（zusagen; versprechen）
* 毛 máo（Haar; Fell; Feder, Gefieder）

第一（der/die erste）第一天（der erste Tag）第一个月（der erste Monat）
第二（der/die zweite）第二天（der zweite Tag）第二个月（der zweite Monat）

22 从所给词语中选择恰当的填空，然后大声朗读句子
Füllen Sie die im Kasten angegebenen Wörter in die Lücken. Lesen Sie danach die Sätze laut.

钢笔　答应　等　第

（1）我们不用毛笔写字，用________写字。
（2）你________一下，我马上来。
（3）他儿子要跟他一起去南京，他没________。
（4）我来北京已经一个月了，这是________二个月。

23 写出带有下列偏旁的汉字

Schreiben Sie Schriftzeichen, die die folgenden Komponenten enthalten

艹：__________ 　　⺮：__________

24 写一写 Schreibübung

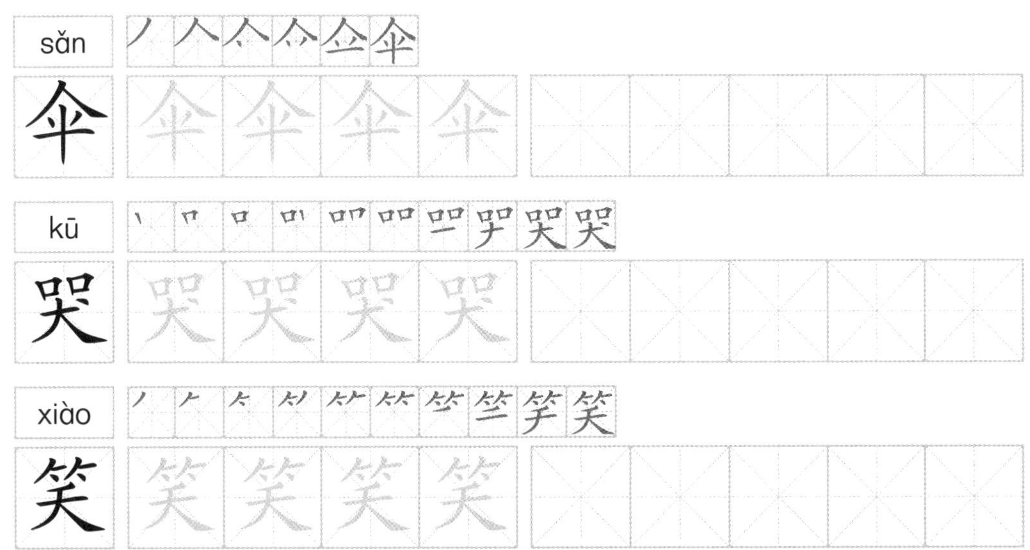

25 大声朗读下面的词和短语，并记住它们的意思

Lesen Sie die folgenden Wörter und Phrasen laut. Merken Sie sich die Bedeutungen.

雨伞（Regenschirm）

打伞（einen Regenschirm benutzen）

哭了（zu weinen beginnen; geweint haben）

笑了（zu lächeln beginnen; gelacht haben）

26 从所给词语中选择恰当的填空，然后大声朗读句子

Füllen Sie die im Kasten angegebenen Wörter in die Lücken. Lesen Sie danach die Sätze laut.

伞　笑　哭

（1）下雨了，你打把________吧。

（2）听了我说的话，他们高兴地________了。

（3）________比________好。

二、本课复习 Wiederholung

边 过 进 送 迟 还 迎 适
道 远 园 图 围 钱 钟 钢
错 锻 饭 饱 饿 馆 猫 狗
猪 猜 眼 睛 睡 跑 跳 踢
路 跟 花 草 英 茶 菜 药
节 笔 简 第 答 等 伞 哭
笑
*永 *误 (*包) (*炼) *步 *舞 (*喝)
*毛

1 写出两个带有下列形旁的汉字，并注音、组词

Bilden Sie mit den folgenden Signifika jeweils zwei Schriftzeichen. Geben Sie die *Pinyin*-Umschrift an und bilden Sie mit den Schriftzeichen Wörter.

辶：______(　　)______　　口：______(　　)______
　　______(　　)______　　　　______(　　)______

钅：______(　　)______　　饣：______(　　)______
　　______(　　)______　　　　______(　　)______

犭：______(　　)______　　目：______(　　)______
　　______(　　)______　　　　______(　　)______

艹：______(　　)______　　⺮：______(　　)______
　　______(　　)______　　　　______(　　)______

𧾷：______(　　)______
　　______(　　)______

2 用汉字写出下列形旁的意思

Schreiben Sie auf Chinesisch die Bedeutung der folgenden Signifika auf.

饣：______________　　目：______________

艹：______________　　⺮：______________

3 写出含有下列部件的两个汉字，并注音、组词

Bilden Sie mit den folgenden Subgraphemen jeweils zwei Schriftzeichen. Geben Sie die Pinyin-Umschrift an und bilden Sie mit den Schriftzeichen Wörter.

舌：______(　　)______　　勺：______(　　)______
　　______(　　)______　　　　______(　　)______

共：______(　　)______　　艮：______(　　)______
　　______(　　)______　　　　______(　　)______

寸：______(　　)______
　　______(　　)______

4 按笔画顺序写出下面的汉字，并写出笔画数

Schreiben Sie die Schriftzeichen nach den Regeln der Strichfolge und geben Sie die Anzahl der Striche an.

睡（　　画）__________　　围（　　画）__________
跳（　　画）__________　　等（　　画）__________
迎（　　画）__________

5 从所给词语中选择恰当的填空，然后大声朗读句子

Füllen Sie die im Kasten angegebenen Wörter in die Lücken. Lesen Sie danach die Sätze laut.

适合　睡觉　不错　分钟　饭馆　眼睛　节目　等　知道

（1）我们下课休息十________。
（2）这件衣服很________你。
（3）我的身体________，因为我每天早上都锻炼身体。
（4）以前我们学校附近有很多小________。
（5）你每天晚上几点________？
（6）你的________红了，怎么了？哭了？
（7）今天晚上电视有什么好________可以看看？
（8）你________他为什么今天没来吗？
（9）请你________我两分钟，我马上来。

12 第十二课
Lektion Zwölf

一、同步练习 Übungen

1 写一写 Schreibübung

ān 安

kè 客

jiā 家

shì 室

sù 宿

wán 完

róng 容

kuān

宽

② 大声朗读下面的词和短语，并记住它们的意思

Lesen Sie die folgenden Wörter und Phrasen laut. Merken Sie sich die Bedeutungen.

客气（höflich）	安全（sicher）
客厅（Wohnzimmer）	宿舍（Wohnheim）
客人（Gast）	吃完了（aufgegessen haben）
做客（zu Besuch, zu Gast sein）	请客（zum Essen einladen）

③ 从所给词语中选择恰当的填空，然后大声朗读句子

Füllen Sie die im Kasten angegebenen Wörter in die Lücken. Lesen Sie danach die Sätze laut.

安全　客气　做客　宿舍　客人　完

（1）你来我家________，你是我们家的________。

（2）过马路要小心，注意（zhùyì，achten auf）________。

（3）你的________在几号楼？

（4）我已经吃________晚饭了。

（5）你有什么事请说吧，别________！

④ 写一写 Schreibübung

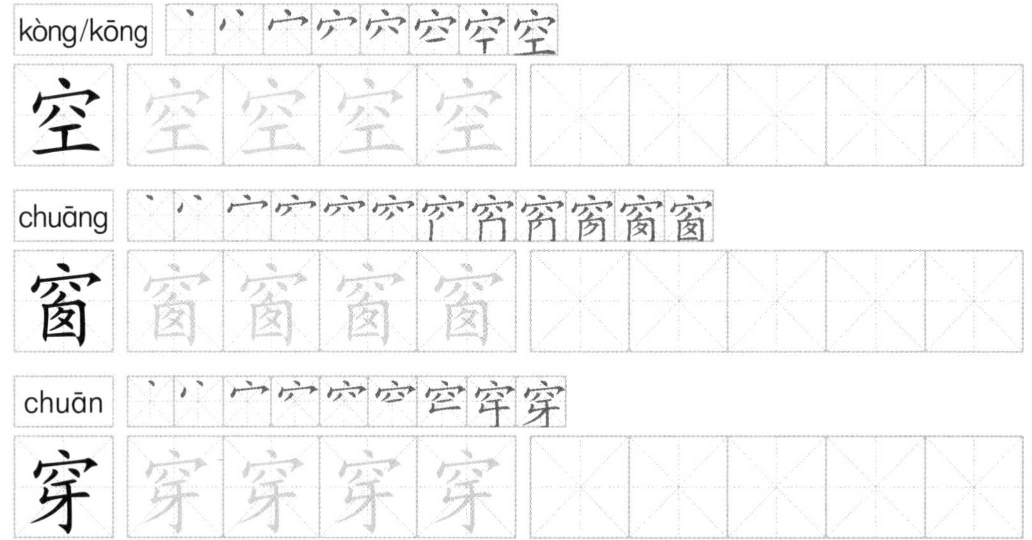

5 大声朗读下面的词和短语，并记住它们的意思

Lesen Sie die folgenden Wörter und Phrasen laut. Merken Sie sich die Bedeutungen.

空（kòng）儿（freie Zeit; freier Platz）

有空（kòng）儿（Zeit haben）

窗户（Fenster）

空（kōng）气（Luft）

穿衣服（Kleidung anziehen）

穷人（Arme, Bedürftige）

研究（(Forschung; untersuchen）

* 研 yán（erforschen; fein mahlen）

容易（leicht, einfach）

内容（Inhalt）

* 内 nèi（innerhalb, drinnen）

6 从所给词语中选择恰当的填空，然后大声朗读句子

Füllen Sie die im Kasten angegebenen Wörter in die Lücken. Lesen Sie danach die Sätze laut.

穷人　窗户　穿　容易　有空儿

（1）我住 17 楼，________请来看看。

（2）我是个________，没有钱。

（3）学一门外语不________，要非常努力才能学好。

（4）我宿舍的门上有一个________。

（5）你________这件衣服很合适。

7 写出带有下列偏旁的汉字

Schreiben Sie Schriftzeichen, die die folgenden Komponenten enthalten

宀：________________　　穴：________________

8 写一写 Schreibübung

9 大声朗读下面的词和短语，并记住它们的意思

Lesen Sie die folgenden Wörter und Phrasen laut. Merken Sie sich die Bedeutungen.

饭店（Restaurant）
商店（Laden, Geschäft）
* 商 shāng（Handel）

座位（Sitzplatz）
病人（Patient）
起床（aufstehen, beginnen）

有病（krank sein）
生病（krank werden, erkranken）

头疼（Kopfschmerzen）
肚子疼（Bauchschmerzen）

10 从所给词语中选择恰当的填空，然后大声朗读句子

Füllen Sie die im Kasten angegebenen Wörter in die Lücken. Lesen Sie danach die Sätze laut.

座位 饭店 商店 起床 病 疼 瘦

（1）我________了，头________。医生让我休息两天。
（2）我每天早上6：30________，7：00跑步。
（3）你看那儿有________，我们去那儿休息休息。
（4）我常去学校附近的________买东西。
（5）这家________的菜比那家的菜好吃。
（6）昨天我在马路上看见小王，他比以前________多了。

11 写出带有下列偏旁的汉字

Schreiben Sie Schriftzeichen, die die folgenden Komponenten enthalten

广：________________ 疒：________________

12 写一写 Schreibübung

wū	㇕ ㇇ 尸 尸 层 层 层 屋 屋
屋	屋 屋 屋 屋
céng	㇕ ㇇ 尸 尸 尸 层 层
层	层 层 层 层
jú	㇕ ㇇ 尸 月 局 局 局
局	局 局 局 局
zhǎn	㇕ ㇇ 尸 尸 屏 屏 展 展 展 展
展	展 展 展 展
fáng	ˋ ㇇ ⺕ 户 户 序 房 房
房	房 房 房 房

shàn 扇

13 大声朗读下面的词和短语，并记住它们的意思
Lesen Sie die folgenden Wörter und Phrasen laut. Merken Sie sich die Bedeutungen.

屋子（Zimmer, Raum）
房子（Haus, Wohnung）
房间（Zimmer）
邮局（Postamt）
扇子（Fächer）
电扇（Ventilator）
画展（Gemäldeausstellung）
展览馆（Ausstellungshalle）

一间屋子（ein Zimmer）
一扇窗户（ein Fenster）
二层（zweite Etage）
两层（zweistöckig）

14 从所给词语中选择恰当的填空，然后大声朗读句子
Füllen Sie die im Kasten angegebenen Wörter in die Lücken. Lesen Sie danach die Sätze laut vor.

邮局 电扇 屋子 窗户 画展 层

（1）我家有三间________，最大的一间有三扇________。
（2）昨天我没在家，我去展览馆看________了。
（3）夏天，________很有用。
（4）那个楼很高，一共有三十________。
（5）我去________给妈妈寄（jì，schicken, senden）信。

15 写出带有下列偏旁的汉字
Schreiben Sie Schriftzeichen, die die folgenden Komponenten enthalten

尸：________________　　户：________________

16 写一写 Schreibübung

shì 视

lǐ	丶 ㇇ 礻 礻 礼
礼	礼 礼 礼 礼
zhù	丶 ㇇ 礻 礻 礻 祀 祀 祀 祝
祝	祝 祝 祝 祝
yī	丶 亠 𠂇 衣 衣 衣
衣	衣 衣 衣 衣
chèn	丶 ㇇ 礻 礻 衤 衤 衬 衬
衬	衬 衬 衬 衬
shān	丶 ㇇ 礻 礻 衤 衤 衫 衫
衫	衫 衫 衫 衫
bèi	丶 ㇇ 礻 礻 衤 衤 衤 衤 被 被
被	被 被 被 被
wà	丶 ㇇ 礻 礻 衤 衤 衤 衤 袜 袜
袜	袜 袜 袜 袜
kù	丶 ㇇ 礻 礻 衤 衤 衤 衤 衤 衤 裤 裤 裤
裤	裤 裤 裤 裤
dài	丿 亻 亻 代 代 代 代 岱 岱 袋 袋
袋	袋 袋 袋 袋

17 大声朗读下面的词和短语，并记住它们的意思

Lesen Sie die folgenden Wörter und Phrasen laut. Merken Sie sich die Bedeutungen.

口袋（Beutel; Tasche）
裤子（Hose）
一条裤子（eine Hose）

被子（Bettdecke, Wärmedecke）
袜子（Socken, Strümpfe）
一双袜子（ein paar Socken）

衣服（Kleidung）
衬衫（Hemd, Bluse）
一件衬衫（ein Hemd, eine Bluse）
* 件 jiàn（*ZEW für Kleidung*）

电视（Fernseher, TV）
一台电视（ein Fernseher）
* 台 tái（*ZEW*）

18 从所给词语中选择恰当的填空，然后大声朗读句子

Füllen Sie die im Kasten angegebenen Wörter in die Lücken. Lesen Sie danach die Sätze laut.

电视　口袋　裤子　袜子　衬衫

（1）我昨天买了很多东西，有一件________、一条________、两双________。

（2）我很长时间没看________了，最近有什么好看的节目吗？

（3）这件衣服什么都好，只有一点不好，________太多，有四个。

19 写出带有下列偏旁的汉字

Schreiben Sie Schriftzeichen, die die folgenden Komponenten enthalten

衤：____________________　礻：____________________

20 写一写 Schreibübung

huān 欢

gē 歌

shōu
丿 丬 丬丿 丬𠂉 收 收
收 收 收 收 收

fàng
丶 亠 亡 方 方丿 方𠂉 放 放
放 放 放 放 放

jiāo
一 十 土 耂 耂 孝 孝 孝 孝 教 教
教 教 教 教 教

shǔ
丶 丷 䒑 丷 米 米 米 娄 娄 娄 数 数 数
数 数 数 数 数

21 大声朗读下面的词和短语，并记住它们的意思

Lesen Sie die folgenden Wörter und Phrasen laut. Merken Sie sich die Bedeutungen.

唱歌（Lieder singen）

放学（Schulschluss haben, Ferienbeginn）

欢迎（begrüßen, willkommen heißen）

教（jiào）室（Klassenzimmer, Unterrichtsraum）

教学生（Schüler unterrichten）

教唱歌（Gesang unterrichten）

收到信（einen Brief erhalten）

22 从所给词语中选择恰当的填空，然后大声朗读句子

Füllen Sie die im Kasten angegebenen Wörter in die Lücken. Lesen Sie danach die Sätze laut.

欢迎　唱歌　放　收　教　第

（1）我是________二次来北京，以前我来过一次。

（2）________你有空儿来我的宿舍。

（3）我不常________，因为我唱得不好。

（4）我不是________英语的老师，我是________汉语的老师。

（5）我的书________在桌子上了。

（6）晚上我要做作业，因为明天老师要________作业。

23 写出带有下列偏旁的汉字

Schreiben Sie Schriftzeichen, die die folgenden Komponenten enthalten

欠：____________________ 攵：____________________

24 写一写 Schreibübung

25 大声朗读下面的词和短语，并记住它们的意思

Lesen Sie die folgenden Wörter und Phrasen laut. Merken Sie sich die Bedeutungen.

街上（auf der Straße）	机器（Maschine）	坐下（sich setzen）
上街（auf die Straße gehen）	咖啡（Kaffee）	班级（Klasse）
	* 啡 fēi	* 级 jí（Grad, Rang）

26 从所给词语中选择恰当的填空，然后大声朗读句子

Füllen Sie die im Kasten angegebenen Wörter in die Lücken. Lesen Sie danach die Sätze laut.

机器　班级　咖啡　街上　坐下

（1）我不喝________，我喝茶。

（2）________有很多车，你要注意安全。

（3）这是什么________？我没见过，怎么用？

（4）这个学期，我们一共有十个________。

（5）________休息休息，别太累了。

二、本课复习 Wiederholung

安	客	家	室	宿	完	容	宽
空	窗	穿	穷	究	窄	床	店
座	病	疼	瘦	屋	层	局	展
房	扇	视	礼	祝	衣	衬	衫
被	袜	裤	袋	欢	歌	收	放
教	数	班	街	咖	器	坐	

*内　（*研）　*商　*台　（*件）　*啡　（*级）

1 用一个词写出下列形旁的意思，并写出带有下列形旁的汉字

Beschreiben Sie die Bedeutung der folgenden Signifika mit einem Wort und bilden Sie mit den Signifika Schriftzeichen

例（Beispiel）：宀：屋顶（客、完、安、家）

广：______（　　　　）　疒：______（　　　　）

尸：______（　　　　）　户：______（　　　　）

衤：______（　　　　）　欠：______（　　　　）

2 写出带有下列形旁的汉字，并注音、组词

Bilden Sie mit den folgenden Signifika Schriftzeichen. Geben Sie die *Pinyin*-Umschrift an und bilden Sie mit den Schriftzeichen Wörter.

广：______(　　)________　穴：______(　　)________
　　______(　　)________　　　______(　　)________

攵：______(　　)________　衤：______(　　)________
　　______(　　)________　　　______(　　)________

3 从所给词语中选择恰当的填空，然后大声朗读句子

Füllen Sie die im Kasten angegebenen Wörter in die Lücken. Lesen Sie danach die Sätze laut.

衬衫　邮局　商店　电视　起床　容易　客气

(1) 你别________了，都是老朋友了，说什么“谢谢”？
(2) 这次考试比上次的________。
(3) 你早上________以后跑步吗？
(4) 学校附近有个________，卖的东西都不错。
(5) 我们家前边有个小________，我常去那儿买报纸、寄信。
(6) 我觉得________里没有好看的节目，都没有意思。
(7) 我给男朋友买了一件黑色的________。

4 朗读　Lesen Sie die Sätze laut.

(1) 我很喜欢（xǐhuan, mögen）唱歌，可是我会唱的歌太少了，昨天老师教我们唱歌，第一次我唱得不好，第二次还可以（nicht schlecht, ganz OK）。
(2) 上周我生病了，头疼，不想吃东西。这两天好了，可是我也瘦了。
(3) 我昨天买了很多东西：一件衬衫、一条裤子和两双袜子。
(4) 我住在学生宿舍十四楼，六层608号房间，欢迎你有空儿来玩儿。

5 用汉语写出你的住址　Schreiben Sie Ihre chinesische Adresse auf Chinesisch

____

13 第十三课 Lektion Dreizehn

一、同步练习 Übungen

1 写一写 Schreibübung

dì	地
chǎng	场
chéng	城
qiáng	墙
lā	垃
jī	圾
jī	基

② 大声朗读下面的词和短语，并记住它们的意思
Lesen Sie die folgenden Wörter und Phrasen laut. Merken Sie sich die Bedeutungen.

地方（Ort, Platz） 城市（Stadt） 垃圾（Müll, Abfall）
地图（Plan, Landkarte） 城墙（Stadtmauer）

广场（großer Platz） 商场（Supermarkt） 操场（Sportplatz）
体育场（Stadion） * 操 cāo（trainieren, üben）

③ 从所给词语中选择恰当的填空，然后大声朗读句子
Füllen Sie die im Kasten angegebenen Wörter in die Lücken. Lesen Sie danach die Sätze laut.

地方 地图 广场 城市 喜欢 走路

（1）从________上看，这个国家不是很大。
（2）昨天晚上，我去天安门________了。
（3）明天我们十点见面，你说在什么________好？
（4）上海是中国有名的大________。
（5）你最________吃的是什么菜？
（6）图书馆很近，我们________去吧。

④ 写一写 Schreibübung

shí 石
yán 研
chǔ 础

pò
破

àn
岸

suì
岁

dǎo
岛

5 大声朗读下面的词和短语，并记住它们的意思

Lesen Sie die folgenden Wörter und Phrasen laut. Merken Sie sich die Bedeutungen.

石头（Stein）
基础（Basis, Grundlage）
岸边（Ufer; Küste）
研究（forschen, untersuchen; Studie）
研究生（Forschungs-, Masterstudent/in）
小岛（kleine Insel）

6 从所给词语中选择恰当的填空，然后大声朗读句子

Füllen Sie die im Kasten angegebenen Wörter in die Lücken. Lesen Sie danach die Sätze laut.

基础　小岛　研究生　岁　破

（1）学习汉语，要打好汉字________。
（2）这件衣服已经________了，不能穿了。
（3）日子过得太快了，我已经三十________了。
（4）他是北京大学的________。
（5）我去过那个________，风景不错。

7 写出带有下列偏旁的汉字

Schreiben Sie Schriftzeichen, die die folgenden Komponenten enthalten

石：____________ 山：____________

8 写一写 Schreibübung

tǎng	躺
duǒ	躲
ěr	耳
wén	闻
qǔ	取
cōng	聪
lián	联

zhí

一 厂 川 月 目 耳 耳' 耶 耶 职 职

职 职 职 职 职

⑨ 大声朗读下面的词和短语，并记住它们的意思

Lesen Sie die folgenden Wörter und Phrasen laut. Merken Sie sich die Bedeutungen.

耳朵（duo）（Ohr） 取得（erhalten; erzielen）

联系（Beziehung, Verbindung） 联欢会（Zusammenkunft; Party）

新闻（Nachricht, Neuigkeit） 聪明（klug, intelligent）

* 新 xīn（neu）

职业（Beruf, Tätigkeit） 躺在床上（im Bett liegen）

职员（Angestellte/-r） 躲在门后（sich hinter der Tür verstecken）

⑩ 从所给词语中选择恰当的填空，然后大声朗读句子

Füllen Sie die im Kasten angegebenen Wörter in die Lücken. Lesen Sie danach die Sätze laut.

取得 联系 聪明 职员 职业 新闻 躺

（1）你又______又努力，一定（yídìng, bestimmt, sicherlich）能学好汉语。

（2）回国以后，别忘了跟我________。

（3）我的________是教师，我男朋友是公司________。

（4）祝你考试________好成绩（chéngjì, Note; Ergebnis）。

（5）我最喜欢________在床上看书。

（6）我每天都看电视听________。

⑪ 写一写 Schreibübung

yè

一 丆 丆 而 页 页

页 页 页 页 页

dǐng

一 丁 丁 丁 丁 丁 顶 顶

顶 顶 顶 顶 顶

yù 预

gù 顾

yán 颜

tí 题

12 大声朗读下面的词语，并记住它们的意思

Lesen Sie die folgenden Wörter und Phrasen laut. Merken Sie sich die Bedeutungen.

山顶（Bergspitze, Gipfel） 预习（sich vorbereiten; Übungen vorbereiten）
头顶（Scheitel） 照顾（Fürsorge; sich um jmdn./etw. kümmern）
颜色（Farbe） 问题（Frage; Problem）

13 从所给词语中选择恰当的填空，然后大声朗读句子

Fill in the blanks with proper words given below and then read the sentences aloud

颜色 山顶 问题 预习 照顾 页

（1）我父母老了，我要________他们。
（2）昨天我没________新课，今天上课有些我听不懂。
（3）那座山的________太高，我上不去。
（4）请你回答我几个________。
（5）你最喜欢什么________？黑色还是白色？
（6）这本书一共有465________，你两天能看完吗？

14 写出带有下列偏旁的汉字

Füllen Sie die im Kasten angegebenen Wörter in die Lücken. Lesen Sie danach die Sätze laut.

身：__________ 耳：__________ 页：__________

15 写一写 Schreibübung

qí 骑

piàn 骗

tè 特

wù 物

gào 告

yáng 羊

qún 群

zhe

着

chà

差

16 大声朗读下面的词和短语，并记住它们的意思

Lesen Sie die folgenden Wörter und Phrasen laut. Merken Sie sich die Bedeutungen.

骑车（Fahrrad fahren） 特别（speziell, besonders） 躺着（liegend）
骗人（jemanden betrügen） 礼物（Geschenk）躲着（sich versteckend）

广告（Werbung, Anzeige） 羊群（Schafherde）
告诉（mitteilen, sagen） 差点儿（mitteilen, sagen）
* 诉 sù（mitteilen, informieren）

17 从所给词语中选择恰当的填空，然后大声朗读句子

Füllen Sie die im Kasten angegebenen Wörter in die Lücken. Lesen Sie danach die Sätze laut.

广告 礼物 告诉 特别 骑 骗

（1）下雪路滑（huá, glatt, rutschig），________车要小心。
（2）你________人，我不相信你的话。
（3）你相信________吗？你看了它以后会去买那些东西吗？
（4）你________小王别等我了，你们先走。
（5）今天对我来说是个________的日子，因为今天是我三十岁的生日，妻子（qīzi, Ehefrau）送了我一个小________。

18 写出带有下列偏旁的汉字

Schreiben Sie Schriftzeichen, die die folgenden Komponenten enthalten

马：________ 牛：________ 羊：________

19 写一写 Schreibübung

chóng	丶 冂 口 中 虫 虫
虫	虫 虫 虫 虫
xiā	丶 冂 口 中 虫 虫 虫一 虫丅 虾
虾	虾 虾 虾 虾
shé	丶 冂 口 中 虫 虫 虫丶 虫丶 虫宀 虫它 蛇
蛇	蛇 蛇 蛇 蛇
yú	丿 ⺈ ⺈ 鱼 鱼 鱼 鱼 鱼
鱼	鱼 鱼 鱼 鱼
xiān	丿 ⺈ ⺈ 鱼 鱼 鱼 鱼 鱼 鱼丶 鱼丷 鲜 鲜 鲜 鲜
鲜	鲜 鲜 鲜 鲜
niǎo	丿 勹 勹 鸟 鸟
鸟	鸟 鸟 鸟 鸟
jī	㇇ 又 又丿 鸡 鸡 鸡 鸡
鸡	鸡 鸡 鸡 鸡
yā	丨 冂 日 日 甲 甲丿 鸭 鸭 鸭 鸭
鸭	鸭 鸭 鸭 鸭

20 大声朗读下面的词语，并记住它们的意思

Lesen Sie die folgenden Wörter laut. Merken Sie sich die Bedeutungen.

虫子（Insekt; Wurm）	鲜花（frische Blumen）
大虾（große Garnele）	新鲜（frisch）
小鸡（Küken）	公鸡（Hahn）
鸭子（Ente）	母鸡（Henne）

21 从所给词语中选择恰当的填空，然后大声朗读句子

Füllen Sie die im Kasten angegebenen Wörter in die Lücken. Lesen Sie danach die Sätze laut.

新鲜　鲜花　小鸟　大虾　蛇

（1）我喜欢吃________。

（2）我怕________，可是不怕吃________。

（3）妻子送我的生日礼物是一束（shù, ein Bündel, Strauß）______。

（4）这家饭店的菜很好吃，特别是鸡、鸭、鱼，都是________的。

（5）教室外面的树上有很多________。

22 写出带有下列偏旁的汉字

Schreiben Sie Schriftzeichen, die die folgenden Komponenten enthalten

虫：____________　鱼：____________　鸟：____________

23 写一写　Schreibübung

liǎ	俩
béng	甭
wāi	歪

24 大声朗读下面的短语，并记住它们的意思
Lesen Sie die folgenden Phrasen laut. Merken Sie sich die Bedeutungen.

你们俩（ihr beide） 我们俩（wir beide） 他们俩（sie beide, die beiden）

二、本课复习 Wiederholung

地	场	城	墙	垃	圾	基	石
研	础	破	岸	岁	岛	躺	躲
耳	闻	取	聪	联	职	页	顶
预	顾	颜	题	骑	骗	特	物
告	羊	群	着	差	虫	虾	蛇
鱼	鲜	鸟	鸡	鸭	俩	甭	歪

*操 （*新）*诉

1 根据下面所给类别写出本课学习的形旁
Ordnen Sie die in dieser Lektion gelernten Signifika den folgenden Kategorien zu

（1）身体部位（Körperteile）:______________________________

（2）动物（Tiere）:______________________________

（3）自然物（in der Natur vorkommend）:______________________________

2 写出两个带有下列形旁的汉字，并注音、组词
Bilden Sie mit den folgenden Signifika Schriftzeichen. Geben Sie deren *Pinyin*-Umschrift an und bilden Sie mit den Schriftzeichen Wörter.

土：______(　　　)________　　石：______(　　　)________
　　______(　　　)________　　　　______(　　　)________

耳：______(　　　)________　　页：______(　　　)________
　　______(　　　)________　　　　______(　　　)________

牛：______(　　　)________　　鸟：______(　　　)________
　　______(　　　)________　　　　______(　　　)________

③ 给下列汉字注音并组词
Schreiben Sie zu den jeweiligen Schriftzeichen die *Pinyin*-Umschrift. Bilden Sie mit den Schriftzeichen Wörter.

鸟（　　）________　　骑（　　）________
骗（　　）________　　差（　　）________
鲜（　　）________　　俩（　　）________

④ 从所给词语中选择恰当的填空，然后大声朗读句子
Füllen Sie die im Kasten angegebenen Wörter in die Lücken. Lesen Sie danach die Sätze laut.

地方　礼物　研究　喜欢　预习　照顾
聪明　新鲜　研究生　联欢会

（1）你是什么________人？北方人还是南方人？
（2）你________唱中文歌还是英文歌？
（3）我是南京大学的________，我________中国的历史和文化。
（4）我的弟弟特别________，他是我们家学习最好的。
（5）为了欢迎新同学，我们开了一个________。
（6）这是我姐姐送给我的生日________。
（7）明天的课文我还没________呢。
（8）他很忙，可是还要________孩子。
（9）这牛奶不________了，不能喝。

⑤ 填空后朗读　Füllen Sie passende Wörter in die Lücken und lesen Sie danach die Sätze laut.

（1）昨天晚上，我家来了几位________人。我________车去市场买菜，市场里东西________别多。我买了一只鸡、两条鱼和几斤虾。
（2）一位老人给远方的儿子写了一封（fēng, *ZEW für Briefe*）信，说：“儿子，家里要买些________西，你给我寄点儿钱来。”半个月以________，他收到了儿子的回信。信上写着：“爸爸，您要我寄钱的那封信，我没有收到。”

14 第十四课 Lektion Vierzehn

一、同步练习 Übungen

① 写一写 Schreibübung

wán	玩	玩 玩 玩 玩
xiàn	现	现 现 现 现
qiú	球	球 球 球 球
lǐ	理	理 理 理 理
wàng	望	望 望 望 望
guì	贵	贵 贵 贵 贵
huò	货	货 货 货 货

fèi

费

hè

贺

② 大声朗读下面的词语，并记住它们的意思

Lesen Sie die folgenden Wörter laut. Merken Sie sich die Bedeutungen.

现在（jetzt） 发现（entdecken; herausfinden） 经理（Manager）
网球（Tennis） 看望（besuchen） 货物（Waren）

理由（Grund, Ursache） 学费（Studien-/Schulgebühren）
理想（Ideal） 交费（Gebühren bezahlen）
小费（Trinkgeld） 收费（Gebühren erheben）

祝贺（Glückwunsch, gratulieren）
道理（Vernunft, Prinzip）

③ 从所给词语中选择恰当的填空，然后大声朗读句子

Füllen Sie die im Kasten angegebenen Wörter in die Lücken. Lesen Sie danach die Sätze laut.

祝贺 发现 理想 现在 学费 交费 网球场

（1）请问________几点了？
（2）________你当上了经理。
（3）我的________是当一名医生。
（4）你们学校的________贵不贵？
（5）我________你最近瘦了。
（6）我们学校有个小________，下了课以后我常去那儿打球，可是那儿是收费的，每次去我要________。

④ 写出带有下列偏旁的汉字

Schreiben Sie Schriftzeichen, die die folgenden Komponenten enthalten

王：____________________ 贝：____________________

5 写一写 Schreibübung

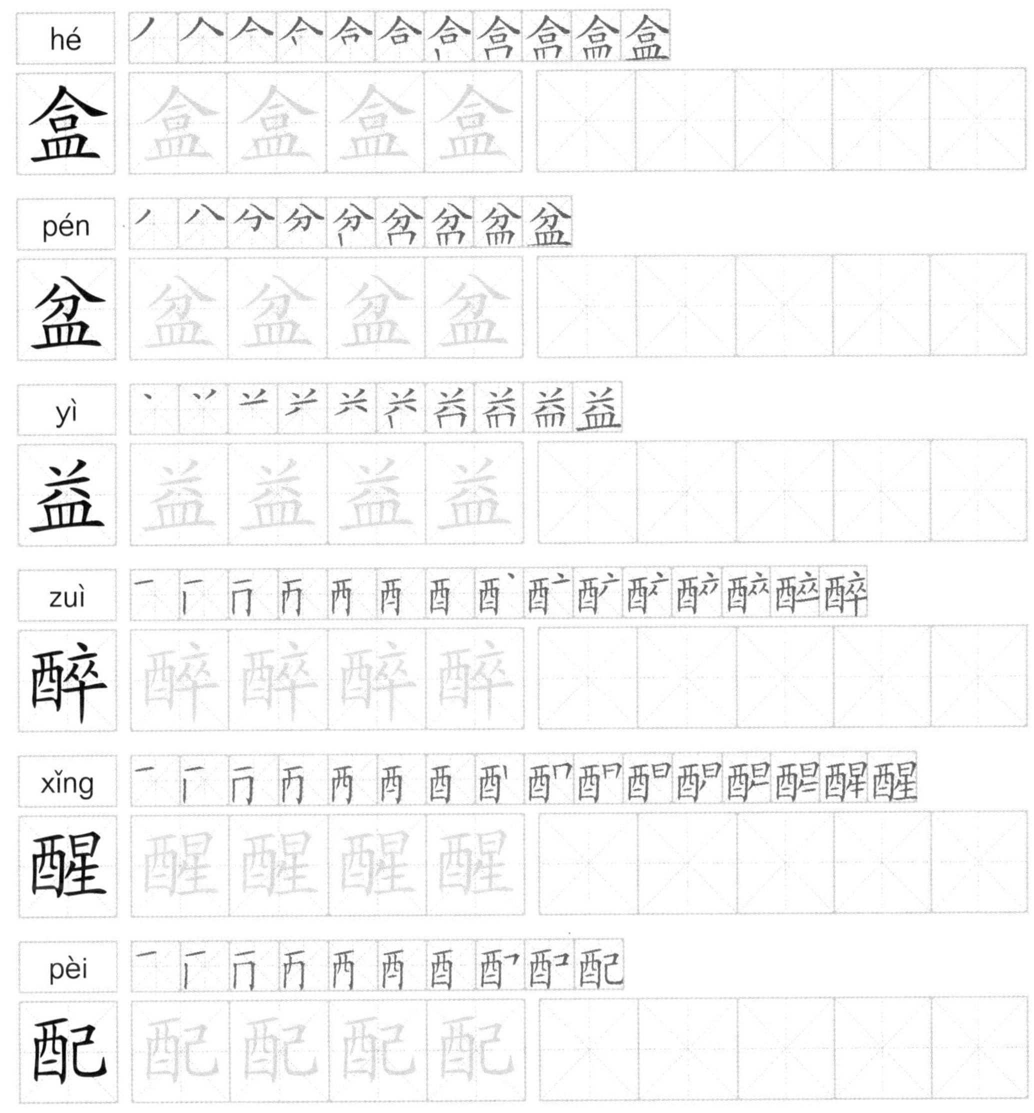

6 大声朗读下面的词和短语，并记住它们的意思

Lesen Sie die folgenden Wörter und Phrasen laut. Merken Sie sich die Bedeutungen.

盒子（Box, Schachtel）
盆子（Schale; Schüssel）

有益（vorteilhaft, nützlich）
无益（nutzlos）

分配（aufteilen, verteilen）
配合（koordinieren, zusammenarbeiten）

醉了（betrunken sein）
醒了（aufgewacht sein）

⑦ 从所给词语中选择恰当的填空，然后大声朗读句子

Füllen Sie die im Kasten angegebenen Wörter in die Lücken. Lesen Sie danach die Sätze laut.

白酒　啤酒　分配　无益　盆　醉

（1）我的朋友很喜欢花儿，她家里有好几________花。
（2）我不喝（hē, trinken）________，只喝________。
（3）你喝酒喝多了，已经________了。
（4）学校________给我的工作，我会努力做好。
（5）他一天抽（chōu, rauchen; ziehen）完了一盒烟，我告诉他，抽烟________于身体。

⑧ 写出带有下列偏旁的汉字

Schreiben Sie Schriftzeichen, die die folgenden Komponenten enthalten

皿：________________　　酉：________________

⑨ 写一写 Schreibübung

qīng 轻
liàng 辆
jiào 较
fǔ 辅
shū 输

zhōu	ノ 丿 介 月 舟 舟
舟	舟 舟 舟 舟
chuán	ノ 丿 介 月 舟 舟 舟 舡 舡 船 船
船	船 船 船 船
bān	ノ 丿 介 月 舟 舟 舟 舡 般 般
般	般 般 般 般
pán	ノ 丿 介 月 舟 舟 舟 舟 舟 盘 盘
盘	盘 盘 盘 盘

10 大声朗读下面的词语，并记住它们的意思

Lesen Sie die folgenden Wörter laut. Merken Sie sich die Bedeutungen.

年轻（jung, jugendlich）　　比较（vergleichen; relativ）

一般（normalerweise; allgemein）　　盘子（Teller）

辅导（Nachhilfe (geben)）　　输赢（verlieren und gewinnen）

* 导 dǎo（leiten, führen）　　* 赢 yíng（gewinnen）

11 从所给词语中选择恰当的填空，然后大声朗读句子

Füllen Sie die im Kasten angegebenen Wörter in die Lücken. Lesen Sie danach die Sätze laut.

一般　比较　辅导　年轻　船

(1) 这本书跟那本书________，我觉得这本书容易。

(2) 教我们汉语的两位老师都很________。

(3) 星期天我________不工作，只是休息。

(4) 这次从日本来中国，我不是坐飞机来的，是坐________来的。

(5) 我________喜欢红颜色。

(6) 为了学好汉语，我请了一位________老师。

⑫ 写出带有下列偏旁的汉字

Schreiben Sie Schriftzeichen, die die folgenden Komponenten enthalten

车：________________ 舟：________________

⑬ 写一写 Schreibübung

jiè
界
界 界 界 界

liú
留
留 留 留 留

fù
富
富 富 富 富

mǐ
米
米 米 米 米

liáng
粮
粮 粮 粮 粮

fěn
粉
粉 粉 粉 粉

cū
粗
粗 粗 粗 粗

táng
丶 丷 丬 半 米 米 米` 米` 米广 粐 粐 粐 糖 糖 糖 糖

糖 糖 糖 糖 糖

14 大声朗读下面的词语，并记住它们的意思

Lesen Sie die folgenden Wörter laut. Merken Sie sich die Bedeutungen.

留学（im Ausland studieren） 丰富（reich; üppig） 米饭（Reis）
留学生（ausländischer Student） 世界（Welt）
粮食（Getreide; Nahrung） * 世 shì（Generation; Epoche）
粉笔（Kreide）
粉红色（pink, rosa） 粗心（unsorgfältig, unachtsam, sorglos）

15 从所给词语中选择恰当的填空，然后大声朗读句子

Füllen Sie die im Kasten angegebenen Wörter in die Lücken. Lesen Sie danach die Sätze laut.

粉笔 米饭 世界 粗心 留学生 糖

（1）你有________地图吗？我想看看。
（2）我不喜欢吃________，我喜欢吃面条（miàntiáo, Nudeln）。
（3）老师上课用________写字。
（4）他是个________的人，常常忘了东西放在哪儿。
（5）小孩子都喜欢吃________。
（6）我们学校的________比中国学生还多。

16 写出带有下列偏旁的汉字

Schreiben Sie Schriftzeichen, die die folgenden Komponenten enthalten

田：________________ 米：________________

17 写一写 Schreibübung

gǎn
一 十 土 丰 丰 走 走 走 赴 赶

赶 赶 赶 赶 赶

18 大声朗读下面的词和短语，并记住它们的意思

Lesen Sie die folgenden Wörter und Phrasen laut. Merken Sie sich die Bedeutungen.

赶紧（sich beeilen; eilig, hastig） 超过（übertreffen; überschreiten）
赶快（sofort; sich beeilen） 越来越（immer mehr; mehr und mehr）

展览（ausstellen; Ausstellung） 观看（zuschauen, ansehen）
规定（Regel, Vorschrift） 参观（besichtigen, besuchen）

来了一趟（schon mal hier gewesen sein）
去了一趟（schon mal dort gewesen sein）

19 从所给词语中选择恰当的填空，然后大声朗读句子

Füllen Sie die im Kasten angegebenen Wörter in die Lücken. Lesen Sie danach die Sätze laut.

赶紧　规定　展览　参观　越来越

（1）时间快到了，我们________走吧。
（2）现在我学汉字________容易了。
（3）周五下午，老师领我们________了一家工厂。
（4）我们学校有个________：不来上课的学生不能参加考试。
（5）最近，我看了一个________，是关于 1900 ~ 1950 年的中国历史的。

20 写出带有下列偏旁的汉字

Schreiben Sie Schriftzeichen, die die folgenden Komponenten enthalten

走：________　　见：________

21 写一写　Schreibübung

dòng 动
zhù 助
jīn 巾
dài 带

22 大声朗读下面的词语，并记住它们的意思

Lesen Sie die folgenden Wörter laut. Merken Sie sich die Bedeutungen.

帮助（helfen; Hilfe） 希望（hoffen） 磁带（Tonband, Kassette）
运动（Sport; sich bewegen） 毛巾（Handtuch） * 磁 cí（magnetisch）
* 运 yùn（transportieren, bewegen）

23 从所给词语中选择恰当的填空，然后大声朗读句子

Füllen Sie die im Kasten angegebenen Schriftzeichen in die Lücken. Lesen Sie danach die Sätze laut.

运动 希望 帮助 带

（1）我可以________我的朋友去你家吗？
（2）谢谢你________我，非常感谢。
（3）我的身体不错，因为我常常________。
（4）我________自己下个学期还在中国学汉语。

24 写一写 Schreibübung

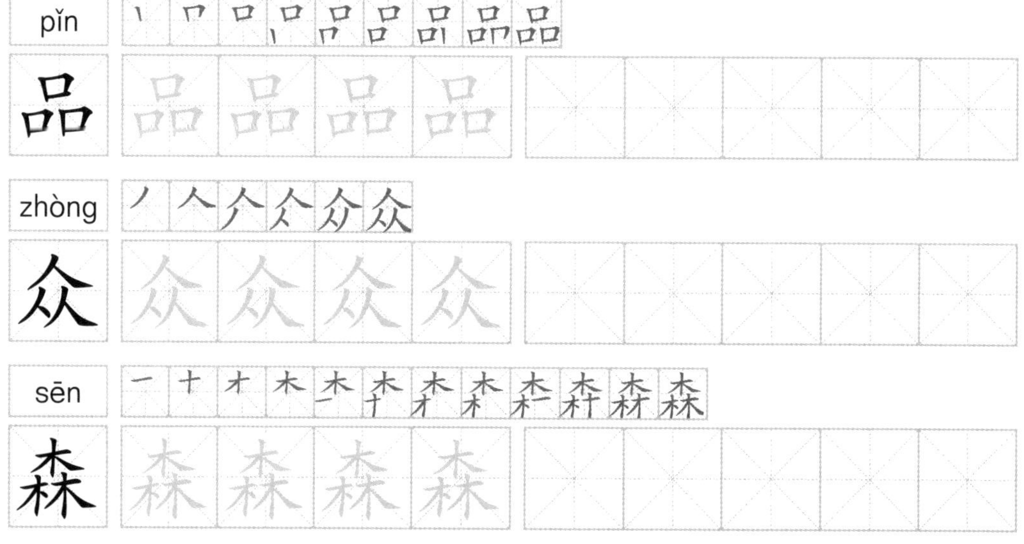

25 大声朗读下面的词语，并记住它们的意思

Lesen Sie die folgenden Wörter laut. Merken Sie sich die Bedeutungen.

食品（Lebensmittel） 群众（die Menschen (als Masse)）
商品（Ware, Artikel） 森林（Forst, Wald）

26 从所给词语中选择恰当的填空，然后大声朗读句子

Füllen Sie die im Kasten angegebenen Wörter in die Lücken. Lesen Sie danach die Sätze laut.

食品 商品 群众

（1）现在人们的生活好了，________也丰富多了。
（2）夏天，________最好放在冰箱（bīngxiāng, Kühlschrank）里。
（3）上海________喜欢晚上到外滩（Wàitān, der Bund, die Uferpromenade in Shanghai）走走。

二、本课复习 Wiederholung

玩	现	球	理	望	贵	货	费
贺	盒	盆	益	醉	醒	配	轻
辆	较	辅	输	舟	船	般	盘
界	留	富	米	粮	粉	粗	糖
赶	越	超	趟	览	观	规	动
助	巾	带	帮	希	品	众	森
*导	*赢	*世	*磁	*运			

1 写出两个带有下列形旁的汉字，并注音、组词

Bilden Sie mit den folgenden Signifika Schriftzeichen. Geben Sie deren *Pinyin*-Umschrift an und bilden Sie mit den Schriftzeichen Wörter.

贝：______(　　)______ 车：______(　　)______
　　______(　　)______ 　　______(　　)______

田：______(　　)______ 米：______(　　)______
　　______(　　)______ 　　______(　　)______

走：______(　　　)________　　见：______(　　　)________
　　______(　　　)________　　　　______(　　　)________

力：______(　　　)________　　巾：______(　　　)________
　　______(　　　)________　　　　______(　　　)________

2 给下列汉字注音并组词

Schreiben Sie zu den jeweiligen Schriftzeichen die *Pinyin*-Umschrift. Bilden Sie mit den Schriftzeichen Wörter.

理（　　　）________　　球（　　　）________
酒（　　　）________　　般（　　　）________
品（　　　）________　　森（　　　）________

3 从所给词语中选择恰当的填空，然后大声朗读句子

Füllen Sie die im Kasten angegebenen Wörter in die Lücken. Lesen Sie danach die Sätze laut.

一般　希望　发现　运动　帮助
网球　世界　啤酒　越来越　醉

(1) 我________很多孩子喜欢看电视广告。
(2) 你喜欢________吗？你会打________吗？
(3) 谢谢你对我的________，我太感谢你了。
(4) 我________我的孩子以后能当一名医生。
(5) 他喝了很多________，已经喝________了。
(6) ________人不喜欢别人说他老了。
(7) 长城是________上最长的城墙。
(8) 我现在________喜欢学汉字了。

4 填空后朗读　Füllen Sie die Lücken und lesen Sie danach die Sätze laut.

昨天晚上睡________时，天气很热，小王________间里的电扇一直开着。早上起________时，他的头很疼，他去________院看病，大夫说他感________了，给他开了点儿中________，让他回家休息休息。

5 朗读　Lesen Sie die Sätze laut.

(1) 我很累，现在不想起床，想多睡一会儿。
(2) 我弟弟喜欢吃糖，我发现他常常一边看电视一边吃糖，看完电视，一袋糖也吃完了。

15 第十五课
Lektion Fünfzehn

一、同步练习 Übungen

1 写一写 Schreibübung

bà 爸
pá 爬
mǎ 码
mà 骂
hé 河
huáng 黄
hé 何

fǎng 丶 讠 讠 访 访 访

访 访 访 访 访

páng 丶 亠 亠 亠 产 产 产 产 旁 旁

旁 旁 旁 旁 旁

2 从所给词语中选择恰当的填空，然后大声朗读句子

Füllen Sie die im Kasten angegebenen Wörter in die Lücken. Lesen Sie danach die Sätze laut.

号码　经常　年轻　爬山　已经　黄河　何时　爸爸　旁边

（1）这个周日，我要和________一起去香山________，妈妈不去。
（2）我不知道他住在哪儿，不过我知道他的电话________是多少。
（3）我们班的口语老师是个________的男老师。
（4）以前我________去电影院看电影；现在总是在家看电视，________很少去电影院了。
（5）________是中国的母亲河。
（6）你________到中国的？你打算________回国呢？
（7）坐在我________的是我的同学小何。

3 写出含有下列声旁的汉字，并注音、组词

Bilden Sie mit den folgenden Phonetika Schriftzeichen. Geben Sie die *Pinyin*-Umschrift zu den Schriftzeichen an und bilden Sie mit den Schriftzeichen Wörter.

马：______(　　　)________
　　______(　　　)________
　　______(　　　)________

巴：______(　　　)________
　　______(　　　)________
　　______(　　　)________
　　______(　　　)________

㚇：______(　　　)________
　　______(　　　)________

4 写一写　Schreibübung

qīng 一 二 丰 丰 丰 青 青 青

青 青 青 青 青

qīng
清

chǔ
楚

qíng
晴

qíng
情

jīng
精

shén
神

jí
及

jí
级

jí
极

gēn 一 十 才 木 木ㄱ 木ヨ 木ヨ 木艮 根 根

根

5 从所给词语中选择恰当的填空，然后大声朗读句子

Füllen Sie die im Kasten angegebenen Schriftzeichen in die Lücken. Lesen Sie danach die Sätze laut.

晴天　清楚　事情　精神　请问　来不及　好极了　跟

（1）那儿出了什么________？怎么有那么多人？

（2）________，您知道书店怎么走吗？

（3）你能________我一起去上海，做我的导游（dǎoyóu, Reiseleiter），真是________！

（4）今天天气不错，是个________。

（5）你看，那个男孩真________！

（6）你写的字太小，我看不________！

（7）已经到时间了，你快点儿，要不（sonst, andernfalls）我们__________了。

6 写出含有下列声旁的汉字，并注音、组词

Bilden Sie mit den folgenden Phonetika Schriftzeichen. Geben Sie die *Pinyin*-Umschrift zu den Schriftzeichen an und bilden Sie mit den Schriftzeichen Wörter.

青：______(　　　)________　及：______(　　　)________

　　______(　　　)________　　　______(　　　)________

　　______(　　　)________　艮：______(　　　)________

　　______(　　　)________　　　______(　　　)________

7 写一写 Schreibübung

jiāo 丶 亠 六 六 交 交 郊 郊

郊

jiǎo 丿 ㇈ 饣 饣 饣 饣 饣 饺 饺

饺

jì
记

jì
纪

lè
乐

kuài
块

kuài
筷

huó
活

8 从所给词语中选择恰当的填空，然后大声朗读句子

Füllen Sie die im Kasten angegebenen Schriftzeichen in die Lücken. Lesen Sie danach die Sätze laut.

生活　说话　郊区　快乐　纪念　记得　饺子　块

（1）我________，小时候（shíhou, Zeit）我最喜欢吃糖，每次要吃几________糖。

（2）我们学校在北京的________，附近都是大学。

（3）中国人春节的时候，习惯吃________。

（4）我在中国已经________三年了，我已经习惯这儿了，我觉得住在这儿很________。

（5）为了________白求恩大夫，这个学校叫作白求恩医科（kē, Fachgebiet）大学。

（6）这学期的听力课老师________太快，我经常听不懂。

⑨ 写出含有下列声旁的汉字，并注音、组词

Bilden Sie mit den folgenden Phonetika Schriftzeichen. Geben Sie die *Pinyin*-Umschrift zu den Schriftzeichen an und bilden Sie mit den Schriftzeichen Wörter.

交：______(　　)________　　己：______(　　)________
　　______(　　)________　　　　______(　　)________

夬：______(　　)________　　舌：______(　　)________
　　______(　　)________　　　　______(　　)________

⑩ 写一写　Schreibübung

cǎi 采

cǎi 彩

xīng 星

xìng 性

shèng 胜

shēng 甥

qí
一 十 廾 廿 甘 苴 其 其
其

tā
丶 丷 宀 宀 它
它

qí
一 十 木 木 村 朾 柑 柑 柑 棋 棋 棋
棋

qí
丶 亠 方 方 方 方 方 方 旂 旂 旃 旗 旗 旗
旗

⑪ 从所给词语中选择恰当的填空，然后大声朗读句子

Füllen Sie die im Kasten angegebenen Wörter in die Lücken. Lesen Sie danach die Sätze laut.

点菜　星期　精彩　其他　胜利　星星　彩旗

（1）天上有多少________？你数得过来吗？

（2）我和爸爸比游泳，我游得总是比他快，每次都是我取得________。

（3）我不了解（liǎojiě，kennen, etwas davon verstehen）中国菜，今天你来________吧。

（4）昨天晚上的电影很________，看完以后我还想笑。

（5）上个________五，我们学校开运动会，运动场上很热闹，有很多人，还有各种（zhǒng，Art, Sorte）颜色的________。

（6）我最喜欢的体育运动是下棋，________我都不太喜欢。

⑫ 写出含有下列声旁的汉字，并注音、组词

Bilden Sie mit den folgenden Phonetika Schriftzeichen. Geben Sie die *Pinyin*-Umschrift zu den Schriftzeichen an und bilden Sie mit den Schriftzeichen Wörter.

采：______（　　　）________　　　生：______（　　　）________

　　______（　　　）________　　　　　______（　　　）________

其：______(　　　)________

　　______(　　　)________

13 写一写 Schreibübung

gōng	一 丅 工 エ 功
功	功 功 功 功
dìng	丶 讠 讠 订
订	订 订 订 订
fèn	丿 亻 亻 仈 份 份
份	份 份 份 份
pàn	丨 冂 月 月 目 盼 盼 盼 盼
盼	盼 盼 盼 盼
pín	丿 八 今 分 贫 贫 贫 贫
贫	贫 贫 贫 贫

14 从所给词语中选择恰当的填空，然后大声朗读句子

Füllen Sie die im Kasten angegebenen Schriftzeichen in die Lücken. Lesen Sie danach die Sätze laut

功课　盼望　预订　空气　份　电灯

(1) 昨天刚下过雨，今天________不错。

(2) 我下个月回国，今天去________飞机票。

(3) 我们教室的________坏了，不亮（liàng, leuchten）了。

(4) 最近我们________很忙，没有时间出去玩儿。

(5) 我________自己早点儿参加工作。

(6) 我现在还不饿，因为今天中午我吃了两________菜。

⑮ 写出含有下列声旁的汉字，并注音、组词

Bilden Sie mit den folgenden Phonetika Schriftzeichen. Geben Sie die *Pinyin*-Umschrift zu den Schriftzeichen an und bilden Sie mit den Schriftzeichen Wörter.

分：______(　　　)__________　　丁：______(　　　)__________
　　______(　　　)__________　　　　______(　　　)__________
　　______(　　　)__________　　　　______(　　　)__________
　　______(　　　)__________　　　　______(　　　)__________
　　______(　　　)__________　　　　______(　　　)__________

工：______(　　　)__________
　　______(　　　)__________
　　______(　　　)__________
　　______(　　　)__________

二、本课复习 Wiederholung

爸	爬	码	骂	河	黄	何	访
旁	青	清	楚	晴	情	精	神
及	级	极	根	郊	饺	记	纪
乐	块	筷	活	采	彩	星	性
胜	甥	其	它	棋	旗	功	订
份	盼	贫					

① 给下列声旁注音并组词

Geben Sie zu den folgenden Phonetika die Pinyin-Umschrift an. Bilden Sie damit Wörter.

可（　　　）__________　　青（　　　）__________
及（　　　）__________　　己（　　　）__________
采（　　　）__________　　其（　　　）__________

② 写出含有下列声旁的汉字并组词

Schreiben Sie Schriftzeichen, die die folgenden Phonetika enthalten. Bilden Sie mit den Schriftzeichen Wörter.

青（　　）________　　生（　　）________
　（　　）________　　　（　　）________
　（　　）________　　　（　　）________
　（　　）________　　　（　　）________
　（　　）________　　　（　　）________

巴（　　）________　　马（　　）________
　（　　）________　　　（　　）________
　（　　）________　　　（　　）________
　（　　）________　　　（　　）________

交（　　）________　　央（　　）________
　（　　）________　　　（　　）________
　（　　）________　　　（　　）________

③ 给下面的形似字注音并组词

Geben Sie zu den folgenden ähnlichen Schriftzeichen die *Pinyin*-Umschrift an und bilden Sie mit den Schriftzeichen Wörter.

轻（　　）________　　级（　　）________
经（　　）________　　极（　　）________

跟（　　）________　　记（　　）________
根（　　）________　　纪（　　）________

④ 从所给词语中选择恰当的填空，然后大声朗读句子

Füllen Sie die im Kasten angegebenen Wörter in die Lücken. Lesen Sie danach die Sätze laut.

快乐　何时　清楚　记得　生活　精彩　其他　星期

（1）你说话的声音（shēngyīn, Stimme; Laut, Geräusch）太小了，我听不________。

（2）A：你________开始学习汉语的？
B：我是从 1998 年开始学习汉语的。

（3）祝你生日________！

（4）我三年前来过北京，我________那时还没有这条马路。

（5）这个________，我们一共学了五课。

（6）昨晚我看了一个________的电视节目。

（7）这次考试，听力我考得不好，________部分还不错。

（8）我在南京________了三年，对那儿比较了解。

5 填空后朗读 Füllen Sie die passenden Schriftzeichen in die Lücken. Lesen Sie die Sätze laut.

（1）星________六下午，小何________自行车回家。他看时________还早，就（jiù, also, dann）去市场看了看，看来看去，最后他________了一双袜子。

（2）下周六，马力要________加考试了。这几天，他一________在复习，他觉________能来中国学习是件很不容________的事，他应________努力学习，以后找一份好工作。

16 第十六课 Lektion Sechzehn

一、同步练习 Übungen

1 写一写 Schreibübung

lìng 令

mìng 命

lǐng 领

dǎo 导

líng 零

líng 铃

lín 邻

dī

低

dǐ

底

lán

蓝

lán

篮

② 从所给词语中选择恰当的填空，然后大声朗读句子

Füllen Sie die im Kasten angegebenen Wörter in die Lücken. Lesen Sie danach die Sätze laut.

领导　邻居　门铃　零钱　蓝色　底下　高低　命令　篮球

（1）下午两点半，我正在宿舍写信。突然，________响（xiǎng, ertönen, klingen）了，是谁来了？

（2）我给男朋友买了一件________的衬衫，他很喜欢这个颜色。

（3）张经理是我的________，所以我得听他的________，他让我去我就去，他不让我去我就不能去。

（4）我跟________家的男孩比赛（bǐsài, wetteifern, Wettkampf）打________，这次他赢了，我输了。

（5）我没有________，给您两个一百的，您找吧。

（6）椅子的________合适不合适，你要坐上去试试才知道。

（7）你看！桌子________有一只小猫。

3 写出含有下列声旁的汉字，并注音、组词

Bilden Sie mit den folgenden Phonetika Schriftzeichen. Geben Sie die *Pinyin*-Umschrift zu den Schriftzeichen an und bilden Sie mit den Schriftzeichen Wörter.

令：______(　　　)________　　氐：______(　　　)________

　　______(　　　)________　　　　______(　　　)________

　　______(　　　)________　　监：______(　　　)________

　　______(　　　)________　　　　______(　　　)________

4 写一写　Schreibübung

yáng	洋
hǎi	海
yǎng	养
yǎng	氧
yàng	样
jīng	惊

yǐng
影 影 影 影 影

liàn
练 练 练 练 练

liàn
炼 炼 炼 炼 炼

biàn
遍 遍 遍 遍 遍

piān
篇 篇 篇 篇 篇

5 从所给词语中选择恰当的填空，然后大声朗读句子

Füllen Sie die im Kasten angegebenen Wörter in die Lücken. Lesen Sie danach die Sätze laut.

锻炼　吃惊　样子　景色　练习　养

(1) 我喜欢小动物，我们家________了一只小猫。

(2) 看你的________，好像病了，是不是感冒了？

(3) 到了桂林（Guìlín, Name einer Stadt），我真________，世界上还有这么美的________。

(4) 我每天早上六点起床________身体，去运动场跑步，六点三刻开始听广播（guǎngbō, Rundfunk; Sendung），________汉语听力。

6 写出含有下列声旁的汉字，并注音、组词

Bilden Sie mit den folgenden Phonetika Schriftzeichen. Geben Sie die *Pinyin*-Umschrift zu den Schriftzeichen an und bilden Sie mit den Schriftzeichen Wörter.

京：______( )________ 东：______( )________

______( )________ ______( )________

羊：______( )________

______( )________

7 写一写 Schreibübung

yǐ	乙
乙	乙 乙 乙 乙

yì	一 十 艹 艺
艺	艺 艺 艺 艺

shù	一 十 才 木 术
术	术 术 术 术

yì	丿 亻 亿
亿	亿 亿 亿 亿

yì	丶 丷 忄 忆
忆	忆 忆 忆 忆

guǒ	丨 冂 冃 日 旦 甲 果 果
果	果 果 果 果

kē
棵

kē
颗

lún
轮

lùn
论

tǎo
讨

⑧ 从所给词语中选择恰当的填空，然后大声朗读句子

Füllen Sie die im Kasten angegebenen Wörter in die Lücken. Lesen Sie danach die Sätze laut.

讨论　水果　回忆　艺术　棵　亿

（1）我喜欢________，音乐、画画儿什么的，我都喜欢。

（2）教室的外面有两________柿子（shìzi, Kakipflaume, Persimone）树，秋天树上挂满（mǎn, voll）了柿子。

（3）我们今天下午________北京的住房问题，欢迎你来听听。

（4）中国有十多________人口。

（5）我常常________小时候的事情，那时我生活得特别快乐。

（6）多吃________对人的身体有益。

9 写出含有下列声旁的汉字，并注音、组词

Bilden Sie mit den folgenden Phonetika Schriftzeichen. Geben Sie die *Pinyin*-Umschrift zu den Schriftzeichen an und bilden Sie mit den Schriftzeichen Wörter.

果：______(　　　)________　　乙：______(　　　)________
　　______(　　　)________　　　　______(　　　)________

仑：______(　　　)________
　　______(　　　)________

10 写一写　Schreibübung

zhēng 争

jìng 净

jìng 静

píng 平

píng 评

píng 苹

bāo 丿 勹 匀 匀 包

包 包 包 包 包

bào 一 十 扌 扌 扚 扚 抅 抱

抱 抱 抱 抱 抱

pào 丶 丷 火 火 灬 灼 炲 炲 炮

炮 炮 炮 炮 炮

bì 一 上 比 比 毕 毕

毕 毕 毕 毕 毕

pī 一 十 扌 扌 扎 扎 批

批 批 批 批 批

pì 乛 コ 尸 尸 屁 屁 屁

屁 屁 屁 屁 屁

11 从所给词语中选择恰当的填空，然后大声朗读句子

Füllen Sie die im Kasten angegebenen Wörter in die Lücken. Lesen Sie danach die Sätze laut.

苹果　批评　平时　干净　安静　毕业

（1）我常去教室看书，教室里很________。

（2）你的宿舍没有我的________，因为我昨天打扫了一下。

（3）孩子做错了事，父母应该________他，让他知道这样做是不对的。

（4）我是2010年从南京大学________的，我已经________三年了。

（5）我最爱吃的水果是________。________吃过晚饭，我都要吃一个。

12 写出含有下列声旁的汉字，并注音、组词

Bilden Sie mit den folgenden Phonetika Schriftzeichen. Geben Sie die *Pinyin*-Umschrift zu den Schriftzeichen an und bilden Sie mit den Schriftzeichen Wörter.

争：______(　　　)________　　平：______(　　　)________

　　______(　　　)________　　　　______(　　　)________

比：______(　　　)________

　　______(　　　)________

13 写一写 Schreibübung

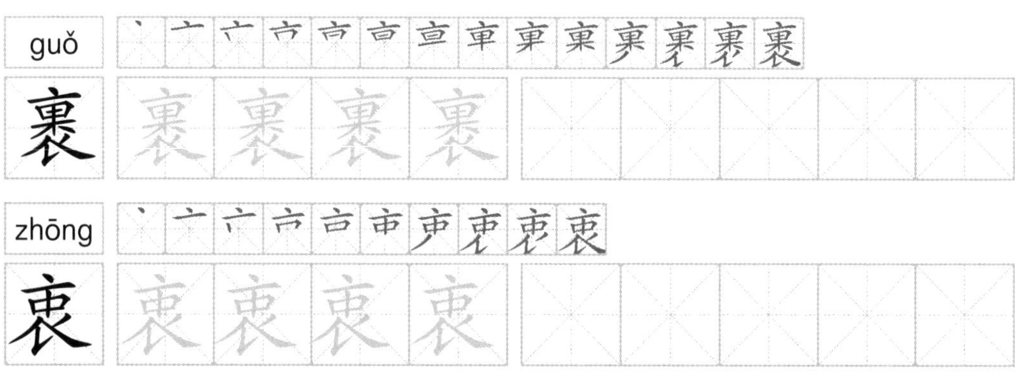

二、本课复习 Wiederholung

令	命	领	导	零	铃	邻	低
底	蓝	篮	洋	海	养	氧	样
惊	影	练	炼	遍	篇	乙	艺
术	亿	忆	果	棵	颗	轮	论
讨	争	净	静	平	评	苹	包
抱	炮	毕	批	屁	裹	衷	

1 给下列声旁注音并组词

Geben Sie zu den Phonetika die *Pinyin*-Umschrift an. Bilden Sie mit den Phonetika Wörter.

令 (　　　)________　　果 (　　　)________

平 (　　　)________　　争 (　　　)________

乙 (　　　)________　　比 (　　　)________

2 写出含有下列声旁的汉字，并注音、组词

Bilden Sie mit den folgenden Phonetika Schriftzeichen. Geben Sie die *Pinyin*-Umschrift zu den Schriftzeichen an und bilden Sie mit den Schriftzeichen Wörter.

令：______(　　　)________
　　______(　　　)________
　　______(　　　)________

羊：______(　　　)________
　　______(　　　)________
　　______(　　　)________

京：______(　　　)________
　　______(　　　)________
　　______(　　　)________

平：______(　　　)________
　　______(　　　)________
　　______(　　　)________

乙：______(　　　)________
　　______(　　　)________
　　______(　　　)________

争：______(　　　)________
　　______(　　　)________
　　______(　　　)________

3 给下面的形似字注音并组词

Geben Sie zu den folgenden ähnlichen Schriftzeichen die *Pinyin*-Umschrift an und bilden Sie mit den Schriftzeichen Wörter.

蓝（　　　）__________
篮（　　　）__________

练（　　　）__________
炼（　　　）__________

棵（　　　）__________
颗（　　　）__________

轮（　　　）__________
论（　　　）__________

低（　　　）__________
底（　　　）__________

抱（　　　）__________
炮（　　　）__________

4 从所给词语中选择恰当的填空，然后大声朗读句子

Füllen Sie die im Kasten angegebenen Wörter in die Lücken. Lesen Sie danach die Sätze laut.

篮球　样子　锻炼　邻居　水果　电影　讨论　安静　干净

（1）我的________是个美国人，我们是好朋友。

（2）我很喜欢打________，每天下课以后我常去打________。

(3) 看你的________，我就明白你不会不答应的。

(4) 每天________身体，多吃________，对身体有益。

(5) ________比电视好看，因为电视太小了。

(6) 我们去什么地方郊游，要________以后决定。

(7) 请大家________，不要说话。

(8) 今天我把房间打扫了一下，现在________多了。

5 填空后朗读 Füllen Sie die Lücken. Lesen Sie danach die Sätze laut.

不知道______什么，山本今天没来上课。他平时学习很______力，上课也很少______到。艾米给他打电______，服______小姐说，山本昨天晚上生______了，住进了医院。听______山本住院了，大家都想去看望他。老师告______了同学们怎么走，让他们过马路要小______，注意安全。

17 第十七课 Lektion Siebzehn

一、同步练习 Übungen

1 写一写 Schreibübung

gǔ 古

hòu 候

gù 故

gū 姑

láng 郎

xīn 新

láng 狼

lǎng
朗

dú
读

niáng
娘

jié
结

hūn
婚

jié
洁

② 从所给词语中选择恰当的填空，然后大声朗读句子

Füllen Sie die im Kasten angegebenen Wörter in die Lücken. Lesen Sie danach die Sätze laut.

新娘　新郎　结婚　故事　姑姑　古时候

昨天________给我讲了一个________：________，一位老人和他的儿子住在草原上，他的儿子就要当________了，________是邻居家的女儿。在他们________的前一天，老人的儿子接到了参军（cān jūn, zum Militär gehen, der Armee beitreten）的命令。

③ 写出含有下列声旁的汉字，并注音、组词

Bilden Sie mit den folgenden Phonetika Schriftzeichen. Geben Sie die *Pinyin*-Umschrift zu den Schriftzeichen an und bilden Sie mit den Schriftzeichen Wörter.

良：______( )________ 古：______( )________

______( )________ ______( )________

______( )________ 吉：______( )________

______( )________ ______( )________

④ 写一写 Schreibübung

piào 票

piāo 飘

piào 漂

liàng 亮

qiǎn 浅

xiàn 线

fú	福
福	福 福 福 福

xìng	幸
幸	幸 幸 幸 幸

fú	幅
幅	幅 幅 幅 幅

fù	副
副	副 副 副 副

tào	套
套	套 套 套 套

jù	剧
剧	剧 剧 剧 剧

jù	据
据	据 据 据 据

5 从所给词语中选择恰当的填空，然后大声朗读句子

Füllen Sie die im Kasten angegebenen Wörter in die Lücken. Lesen Sie danach die Sätze laut.

副　幅　线　据说　漂亮　门票　剧场　深浅

（1）邻居家的女儿是一个________的姑娘。

（2）当你不知道河的________的时候，最好不要下去游泳。

（3）你知道颐和园（Yíhé Yuán, der Sommerpalast）的________是多少钱一张吗？

（4）丁老师家的客厅里挂着一________中国山水画。

（5）________，以后每年一月可以有一次大学入（rù, eintreten）学考试。

（6）我女朋友送我一________手套，是用黑________织（zhī, stricken）的。

（7）我好久没去________看京剧了。

6 写出含有下列声旁的汉字，并注音、组词

Bilden Sie mit den folgenden Phonetika Schriftzeichen. Geben Sie die *Pinyin*-Umschrift zu den Schriftzeichen an und bilden Sie mit den Schriftzeichen Wörter.

票：______(　　)________　　戋：______(　　)________
　　______(　　)________　　　　______(　　)________

畐：______(　　)________　　居：______(　　)________
　　______(　　)________　　　　______(　　)________

7 写一写 Schreibübung

zhěng
整

qí
齐

zhèng
证

zhèng
政

zhì
治

tíng
庭

tǐng
挺

màn
慢

mán
馒

tuō
脱

yuè
阅

⑧ 从所给词语中选择恰当的填空，然后大声朗读句子

Füllen Sie die im Kasten angegebenen Wörter in die Lücken. Lesen Sie danach die Sätze laut.

政治　整齐　证书　家庭　阅览室　慢一点儿

（1）你说得太快，我听不懂，请你说________。

（2）马丁（Martin）的桌子上________地放着几本汉语书，他的房间很干净。

（3）学习三年以后，我们就可以得到毕业________了。

（4）我们家是个小________，只有三口人。

（5）他希望以后成为一名________家（Experte），所以他在大学学习________学。

（6）我常去图书馆的________看杂志。

9 写出含有下列声旁的汉字，并注音、组词

Bilden Sie mit den folgenden Phonetika Schriftzeichen. Geben Sie die *Pinyin*-Umschrift zu den Schriftzeichen an und bilden Sie mit den Schriftzeichen Wörter.

廷：______（　　）________
　　______（　　）________

正：______（　　）________
　　______（　　）________
　　______（　　）________

曼：______（　　）________
　　______（　　）________

10 写一写　Schreibübung

qiě	丨 冂 冃 月 且
且	且 且 且 且
ér	一 丆 丙 而
而	而 而 而 而
zū	禾 利 和 租
租	租 租 租 租
zǔ	纟 组
组	组 组 组 组

zhī 织

zǔ 祖

xiāng 箱

xiāng 厢

gāng 纲

tí 提

11 从所给词语中选择恰当的填空，然后大声朗读句子

Füllen Sie die im Kasten angegebenen Wörter in die Lücken. Lesen Sie danach die Sätze laut.

而且　祖国　组织　租房　提纲　刚才

(1) 上个周日，学校________我们去参观了故宫。

(2) 写论文以前，要先把________写好。

(3) 我们都热爱自己的________。

(4) ________马丁来了一趟，又走了。

(5) 买房子不仅每月的费用便宜，________房子以后是自己的了，比________住好。

12 写出含有下列声旁的汉字，并注音、组词

Bilden Sie mit den folgenden Phonetika Schriftzeichen. Geben Sie die *Pinyin*-Umschrift zu den Schriftzeichen an und bilden Sie mit den Schriftzeichen Wörter.

且：______(　　)______　　冈：______(　　)______

　　______(　　)______　　　　______(　　)______

13 写一写 Schreibübung

yáng 扬

yáng 杨

qiāng 枪

qiǎng 抢

gòu 购

14 从所给词语中选择恰当的填空，然后大声朗读句子

Füllen Sie die im Kasten angegebenen Wörter in die Lücken. Lesen Sie danach die Sätze laut.

手枪　抢购　杨树　表扬

(1) 我家门前有两棵大______。

(2) 因为我上课从来不迟到，所以老师______了我。

（3）这种新商品卖得很好，刚一出来就被________完了。

（4）在中国，私（sī, privat）人不能有________。

二、本课复习 Wiederholung

古	候	故	姑	郎	新	狼	朗
读	娘	结	婚	洁	票	飘	漂
亮	浅	线	福	幸	幅	副	套
剧	据	整	齐	证	政	治	庭
挺	慢	馒	脱	阅	且	而	租
组	织	祖	箱	厢	纲	提	扬
杨	枪	抢	购				

1 给下列声旁注音并组词

Geben Sie zu den Phonetika die *Pinyin*-Umschrift an. Bilden Sie mit den Schriftzeichen Wörter.

古（　　）________　　票（　　）________

且（　　）________　　相（　　）________

2 写出含有下列声旁的汉字，并注音、组词

Bilden Sie mit den folgenden Phonetika Schriftzeichen. Geben Sie die *Pinyin*-Umschrift zu den Schriftzeichen an und bilden Sie mit den Schriftzeichen Wörter.

正：______（　　）________　　且：______（　　）________

　　______（　　）________　　　　______（　　）________

　　______（　　）________　　　　______（　　）

古：______（　　）________　　廷：______（　　）________

　　______（　　）________　　　　______（　　）________

3 给下面的形似字注音并组词

Geben Sie zu den folgenden ähnlichen Schriftzeichen die *Pinyin*-Umschrift an und bilden Sie mit den Schriftzeichen Wörter.

浅（　　）________　　幅（　　）________

线（　　）________　　副（　　）________

剧（　　）________ 洁（　　）________
据（　　）________ 结（　　）________

慢（　　）________ 杨（　　）________
馒（　　）________ 扬（　　）________

4 从所给词语中选择恰当的填空，然后大声朗读句子
Füllen Sie die im Kasten angegebenen Wörter in die Lücken. Lesen Sie danach die Sätze laut.

京剧　姑姑　结婚　整齐　邮票　提纲　组织　租房

（1）我丈夫（zhàngfu, Ehemann）是我的大学同学，我们________已经三年多了。
（2）我们把爸爸的姐姐或者（huòzhě, oder; beziehungsweise）妹妹叫________。
（3）往日本寄一封（fēng, *ZEW für Briefe*）信要多少钱的________？
（4）________是中国的一种传统（chuántǒng, traditionell）艺术，很多人都喜欢听。
（5）他的房间打扫得很干净，东西放得也很________。
（6）我现在没有住在学校的宿舍里，我在外面________住。
（7）下个星期，学校要________我们去大同旅行（lǚxíng, reisen）。
（8）要是你想说得清楚点儿，可以先写个________。

5 填空后朗读　Füllen Sie die Lücken. Lesen Sie danach die Sätze laut.

我来中国已______一个月了。我们______校在北京的郊区，这里空气比______好。我们的校园很______亮，有红的花、绿的草，我很______欢我们的校园。

平时我们的功______很多，可是我没忘了锻______身体。周末我们几个______轻人经常在一起做饭、包饺子，有______候出去玩儿。上个星期天，我们去了香山，在那儿我们爬山、种树，玩儿得很______兴。

6 写一段话，介绍一下你的校园生活

Schreiben Sie einen Kurztext über Ihr Leben auf dem Campus.

18 第十八课
Lektion Achtzehn

一、同步练习 Übungen

① 写一写 Schreibübung

shéi/shuí
谁

duī
堆

tuī
推

bó
伯

hài
害

pāi
拍

yuán
原

yuán 源

yuàn 愿

qún 裙

② 从所给词语中选择恰当的填空，然后大声朗读句子

Füllen Sie die im Kasten angegebenen Wörter in die Lücken. Lesen Sie danach die Sätze laut.

裙子　害怕　愿望　源头　原来　拍手　伯伯

(1) 我们把爸爸的哥哥叫________。

(2) 我的________是以后能环游世界。

(3) 我________这次考试考不好，妈妈就不会让我去旅行了。

(4) ________我认为学汉字很难，现在我觉得比较容易了。

(5) 看了他的表演，大家都________叫好。

(6) 你昨天穿的那条________很好看，在哪儿买的？

(7) 民歌（míngē, Volkslied）是文学的一个________。

③ 写出含有下列声旁的汉字，并注音、组词

Bilden Sie mit den folgenden Phonetika Schriftzeichen. Geben Sie die *Pinyin*-Umschrift zu den Schriftzeichen an und bilden Sie mit den Schriftzeichen Wörter.

隹：______(　　　)________　　白：______(　　　)________

　　______(　　　)________　　　　______(　　　)________

　　______(　　　)________　　　　______(　　　)________

原：______(　　　)________　　君：______(　　　)________

　　______(　　　)________　　　　______(　　　)________

4 写一写 Schreibübung

hē	喝
kě	渴
jìng	镜
jìng	境
huán	环
zhuān	专
zhuàn	传
zhuǎn	转

zhí 一 十 才 木 木一 木十 木上 柿 柿 植 植 植

植 植 植 植 植

zhí 丿 亻 亻一 亻十 亻上 佔 佔 偵 値 值

值 值 值 值 值

zhì 丶 冖 罒 罒 罒 罒 罒 罕 罟 罟 罟 置 置

置 置 置 置 置

⑤ 从所给词语中选择恰当的填空，然后大声朗读句子

Füllen Sie die im Kasten angegebenen Wörter in die Lücken. Lesen Sie danach die Sätze laut.

传记　环境　植树　镜子　口渴　布置　值班　喝水　专心

(1) 女孩子都喜欢照________，看看自己漂亮不漂亮。

(2) 我们学校的________不错，有山有水，还有很多树。

(3) 快考试了，你要________学习，不能总想着玩儿了。

(4) 跑完步以后，我特别________，我想________。

(5) 他正在写一个名人的________，是关于这位名人在中国的生活。

(6) 每年的 3 月 12 日是中国的________日，那天很多人都会去郊区种树。

(7) 你的房间________得很特别，有点儿像咖啡馆。

(8) 这个周末我要在公司________，不能休息。

⑥ 写出含有下列声旁的汉字，并注音、组词

Bilden Sie mit den folgenden Phonetika Schriftzeichen. Geben Sie die *Pinyin*-Umschrift zu den Schriftzeichen an und bilden Sie mit den Schriftzeichen Wörter.

曷：______(　　　)________　　竟：______(　　　)________

　　______(　　　)________　　　　______(　　　)________

直：______(　　　)________　　专：______(　　　)________

　　______(　　　)________　　　　______(　　　)________

7 写一写 Schreibübung

zhàn	占
zhàn	站
zhàn	战
zhān	粘
tiē	贴
chéng	成
chéng	诚
shí	实

chéng 一 厂 万 成 成 成 成 成 成 盛 盛 盛

盛 盛 盛 盛 盛

wěi 丿 亻 亻 仁 仨 伟

伟 伟 伟 伟 伟

wéi 一 二 亍 韦 韦 讳 违

违 违 违 违 违

8 从所给词语中选择恰当的填空，然后大声朗读句子

Füllen Sie die im Kasten angegebenen Wörter in die Lücken. Lesen Sie danach die Sätze laut.

诚实 成功 成为 伟大 车站 战争 盛

(1) 我的愿望是________一名律师（lǜshī, Anwalt）。

(2) 人们都热爱和平（hépíng, Frieden），不喜欢________。

(3) 我们下午四点坐车出发，你差一刻四点到________就行。

(4) 他是一个________的人，不会骗我们的。

(5) 他是一个________的、________的政治家。

(6) 你多吃点儿饭，我再给你________一点儿吧。

9 写出含有下列声旁的汉字，并注音、组词

Bilden Sie mit den folgenden Phonetika Schriftzeichen. Geben Sie die *Pinyin*-Umschrift zu den Schriftzeichen an und bilden Sie mit den Schriftzeichen Wörter.

占：______(　　)________　　成：______(　　)________
　　______(　　)________　　　　______(　　)________

韦：______(　　)________
　　______(　　)________

10 写一写 Schreibübung

zhēn 一 二 千 王 𤣩 玠 玠 珍 珍

珍 珍 珍 珍 珍

zhū 珠

zhěn 诊

chèn 趁

yóu 尤

yōu 优

yóu 犹

yù 豫

zāo 遭

zāo 糟

gāo

糕

11 从所给词语中选择恰当的填空，然后大声朗读句子

Füllen Sie die im Kasten angegebenen Wörter in die Lücken. Lesen Sie danach die Sätze laut.

犹豫 尤其 优点 珍珠 糟糕

（1）我喜欢吃中国菜，________是中国的四川（Sìchuān, eine Provinz Chinas）菜。

（2）________！我忘了戴（dài, (am Körper) tragen; anziehen）眼镜了，我怎么看电影呢？

（3）很多女孩子喜欢戴________项链（xiàngliàn, Halskette）。

（4）去还是不去，我很________。

（5）我的男朋友有很多________，所以（suǒyǐ, deshalb）我喜欢他。

12 写出含有下列声旁的汉字，并注音、组词

Bilden Sie mit den folgenden Phonetika Schriftzeichen. Geben Sie die *Pinyin*-Umschrift zu den Schriftzeichen an und bilden Sie mit den Schriftzeichen Wörter.

尤：______(　　　)________
　　______(　　　)________

曹：______(　　　)________
　　______(　　　)________

㐱：______(　　　)________
　　______(　　　)________
　　______(　　　)________

13 写一写 Schreibübung

wèi

未

mò

末

wěi	㇇ ㇇ 尸 尸 尸 㞔 尾
尾	尾 尾 尾 尾

Zhū	㇒ ㇖ 二 牛 朱 朱
朱	朱 朱 朱 朱

二、本课复习 Wiederholung

谁	堆	推	伯	害	拍	原	源
愿	裙	喝	渴	镜	境	环	专
传	转	植	值	置	占	站	战
粘	贴	成	诚	实	盛	伟	违
珍	珠	诊	趁	尤	优	犹	豫
遭	糟	糕	未	末	尾	朱	

1. 给下列声旁注音并组词

   Geben Sie zu den folgenden Phonetika die *Pinyin*-Umschrift an. Bilden Sie mit den Phonetika Wörter.

   原（　　）__________　　专（　　）__________

   成（　　）__________　　尤（　　）__________

2. 写出含有下列声旁的汉字，并注音、组词

   Bilden Sie mit den folgenden Phonetika Schriftzeichen. Geben Sie die *Pinyin*-Umschrift zu den Schriftzeichen an und bilden Sie mit den Schriftzeichen Wörter.

   隹：______（　　）______　　直：______（　　）______

   ______（　　）______　　______（　　）______

   ______（　　）______　　______（　　）______

   原：______（　　）______　　专：______（　　）______

   ______（　　）______　　______（　　）______

3 给下面的形似字注音并组词

Geben Sie zu den folgenden ähnlichen Schriftzeichen die *Pinyin*-Umschrift an und bilden Sie mit den Schriftzeichen Wörter.

喝（　　）________　　镜（　　）________
渴（　　）________　　境（　　）________

怕（　　）________　　站（　　）________
伯（　　）________　　粘（　　）________

4 从所给词语中选择恰当的填空，然后大声朗读句子

Füllen Sie die im Kasten angegebenen Wörter in die Lücken. Lesen Sie danach die Sätze laut.

专门　原来　布置　违反　诚实　愿望　伯伯　环境

(1) 我们把爸爸的哥哥叫作________。
(2) ________我不想出去玩儿，我弟弟一定让我陪他去，我只好去。
(3) 我的________是能到世界各地去旅行。
(4) 我们校园里的________不错，有很多树，树上还有很多小鸟。
(5) 我这次来北京是________学习汉语的。
(6) 你的房间________得很漂亮。
(7) 他是一个________的人，从来不骗人。
(8) 你这样做________了学校的规定，是不对的。

5 填空后朗读　Füllen Sie die Lücken. Lesen Sie danach die Sätze laut.

(1) 小何经______往美国寄包裹，今天她又去邮______寄了两本中文书和几张照______，她在包裹上贴了好几张邮______。
(2) 我们学______在市中心，离我家比较远，坐车要二十分______。我家______近的环境不错，种了很多树。我有几个星______没回家了，有点儿想______我的______母。

19 第十九课 Lektion Neunzehn

一、同步练习 Übungen

1 写一写 Schreibübung

yè	夜
píng	瓶
biǎo	表
shì	示
yǎn	演
tián	填
dài	代

② 从所给词语中选择恰当的填空，然后大声朗读句子

Füllen Sie die im Kasten angegebenen Wörter in die Lücken. Lesen Sie danach die Sätze laut.

打电话　打篮球　手表　表演　表扬　日报

(1) 我每天都看《北京________》。
(2) 请看一下你的________，现在几点了？
(3) 这次我的工作完成得很好，经理________了我，我很高兴。
(4) 这次联欢会，我们班________什么节目呢？
(5) 我最喜欢的运动是________。
(6) 回国以后，请给我________。

③ 给下面的多义字注音、组词

Geben Sie zu den über mehrere Bedeutungen verfügenden (polysemen) Schriftzeichen die *Pinyin*-Umschrift an und bilden Sie mit den Schriftzeichen Wörter

外（　　）________　　现（　　）________
　　　　　________　　　　　　　________

习（　　）________　　起（　　）________
　　　　　________　　　　　　　________

④ 写一写　Schreibübung

jì 绩

huàn 换

liú 流

tōng 一 ㇇ 乛 乃 丙 月 甬 甬 涌 通 通

通 通 通 通 通

yuē 纟 纟 纟 纟 约 约

约 约 约 约 约

⑤ 从所给词语中选择恰当的填空，然后大声朗读句子
Füllen Sie die im Kasten angegebenen Wörter in die Lücken. Lesen Sie danach die Sätze laut.

节　节目　成绩　成为　交通　交往

（1）我们每天上午有四______课。
（2）这座城市的______情况不是很好，路上的车很多。
（3）昨天晚上的电视______很有意思。
（4）我跟他______十多年了，我很了解他。
（5）长大以后，我想______一名医生。
（6）这次考试我的______不错。

⑥ 填空后朗读　Füllen Sie die passenden Schriftzeichen in die Lücken. Lesen Sie danach die Sätze laut.

上大学的时候，我很喜欢打篮球，日______练习。那些日子，我很累，可是很快乐，我们最好的成______是学校第一名。那时候，很多姑娘给我______电话，有一个姑娘还给我______了一件毛衣，现在她已经成______我的妻子了，我也是一个成______的篮球教师了。

⑦ 写一写　Schreibübung

guā 一 厂 瓜 瓜 瓜

瓜 瓜 瓜 瓜 瓜

ròu 丨 冂 内 内 肉 肉

肉 肉 肉 肉 肉

cí 词

fā 发

jiàn 件

yán 言

pái 排

wèi 慰

8 从所给词语中选择恰当的填空，然后大声朗读句子

Füllen Sie die im Kasten angegebenen Wörter in die Lücken. Lesen Sie danach die Sätze laut.

发言　发烧　发展　一生　生病　安心　安全　安排

(1) A：你的脸色不太好，是不是________了？

B：是的，我有点儿________。

(2) 过马路时要注意________。

(3) 上海的经济________得很快，已经成为中国最重要的经济城市了。

(4) 我会帮你把这事办好的，你别着急，就________养病吧。

（5）来北京的这两个星期，你是怎么________的？你打算去哪些地方？

（6）这次开会我没________，因为这个问题我还没想好怎么说。

（7）人的________，最重要的是健康（jiànkāng, Gesundheit）。

9 给下面的多义字注音、组词

Geben Sie zu den über mehrere Bedeutungen verfügenden (polysemen) Schriftzeichen die *Pinyin*-Umschrift an und bilden Sie mit den Schriftzeichen Wörter

参（ ）____________ 现（ ）____________

____________ ____________

10 写一写 Schreibübung

zhuǎ 爪

lì 厉

ài 爱

shòu 受

jiē 接

zhé 折

duàn 断

gǔ 骨

chāi 拆

xī 析

11 从所给词语中选择恰当的填空，然后大声朗读句子

Füllen Sie die im Kasten angegebenen Wörter in die Lücken. Lesen Sie danach die Sätze laut.

拆开　西瓜　接受　厉害　受不了

(1) 他病得很______，得赶快去医院。

(2) 我最喜欢吃的水果是______。

(3) 我的朋友送给我的生日礼物是一件毛衣，我______了。

(4) 他给我寄来的包裹，我还没______呢，不知道里面是什么。

(5) 今年夏天太热了，没有空调我们可______。

二、本课复习 Wiederholung

夜	瓶	表	示	演	填	代	绩
换	流	通	约	瓜	肉	词	发
件	言	排	慰	爪	历	爱	受
接	折	断	骨	拆	析		

1 用下列汉字组词或短语

Bilden Sie mit den folgenden Schriftzeichen Wörter oder Phrasen

日：________、________、________、________

表：________、________、________、________

生：________、________、________、________

发：________、________、________、________

2 从括号中选出合适的词语填入空格

Wählen Sie aus den jeweiligen Klammern das richtige Wort und setzen Sie es in die Lücke ein

(1) 祝你考试取得好________。（成功、成绩）

(2) 这支笔________上跟那支笔一样。（表面、表示）

(3) 老师________同学们汉语说得不错。（表示、表扬）

(4) 春节是中国最主要的________。（节日、节目）

(5) 那儿________了什么事？我们去看看。（发生、发展）

(6) 过马路时要小心，注意________。（安全、安心）

3 从所给词语中选择恰当的填空，然后大声朗读句子

Füllen Sie die im Kasten angegebenen Wörter in die Lücken. Lesen Sie danach die Sätze laut.

成为　安排　节约　表演　发言　安慰　日报

(1) 今天的________上有什么新闻？

(2) 我叫杨力，希望我们以后________好朋友。

(3) 过日子要________，不该花的钱就不能花。

(4) 这次旅行，我们________了两天时间住在上海。

（5）新年联欢会上，我们________了一个小合唱。

（6）今天下午开会我要________，我得准备（zhǔnbèi，vorbereiten）一下。

（7）她哭了，你去________她一下吧。

4 朗读 Lesen Sie die Sätze laut

广州（die Stadt Guǎngzhōu）是中国的文化名城，有很多古老的故事。那里冬天不冷，夏天不热，一年四季都有鲜花，是一座花城。

在它的郊区有一座山，山顶常常有白云，叫白云山。山上有大树、青草、鲜花和清清的小溪（xiǎo xī, Bach）。天晴的时候，在山顶可以清楚地看见整个广州城。

20 第二十课
Lektion Zwanzig

一、同步练习 Übungen

① 写一写 Schreibübung

jiě	丿 ⺈ ⺈ 角 角 角 角 角' 角' 角" 解 解 解
解	解 解 解 解

② 从所给词语中选择恰当的填空，然后大声朗读句子

Füllen Sie die im Kasten angegebenen Wörter in die Lücken. Lesen Sie danach die Sätze laut.

拿不了　吃不了　睡着了　爱好　干净

（1）服务员每天打扫教室，我们的教室很________。

（2）这么多糖，我________。

（3）我的________是听音乐。

（4）昨天晚上我躺着看书，一会儿就________。

（5）这箱子太重，我________。

③ 写一写 Schreibübung

duǎn	丿 𠂉 ⺈ 𠂉 矢 矢 矢 矩 矩 矩 短 短
短	短 短 短 短

shī	丨 刂 刂 㠯 师 师
师	师 师 师 师

bēi/bèi	丨 丬 丬 北 北 北 背 背 背
背	背 背 背 背

4 从所给词语中选择恰当的填空，然后大声朗读句子

Füllen Sie die im Kasten angegebenen Wörter in die Lücken. Lesen Sie danach die Sätze laut.

教室　教课　后背　长大　背包　有空儿

（1）好久（jiǔ, lange Zeit）不见，你的女儿______了，我都快不认识了。

（2）教师的工作就是______，工作的地方就是______。

（3）你今天晚上______吗？我想请你吃饭。

（4）你的______重不重？我帮你背吧。

（5）他的T恤衫（T xùshān, T-Shirt）很特别，前面没有字，______上画着一只手。

5 写一写　Schreibübung

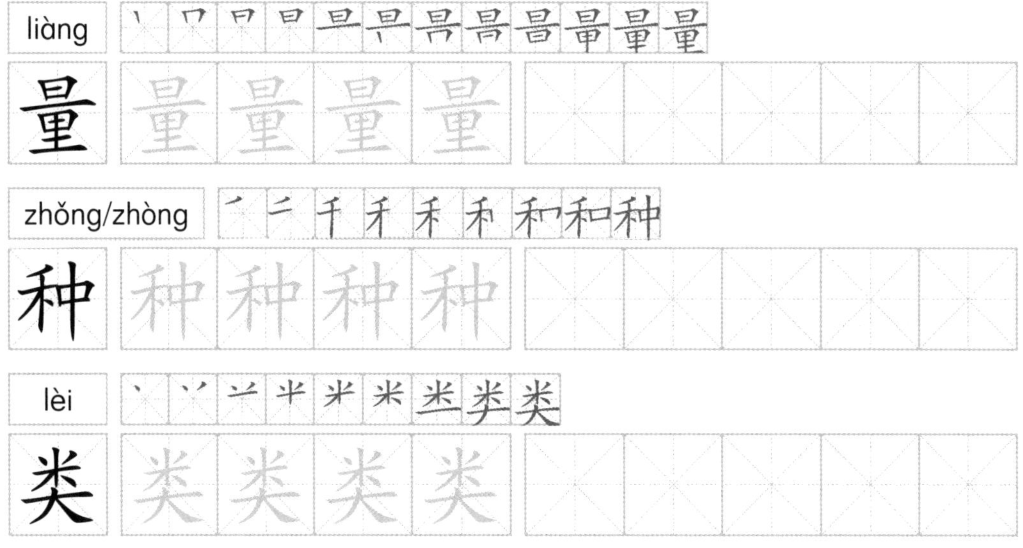

6 从所给词语中选择恰当的填空，然后大声朗读句子

Füllen Sie die im Kasten angegebenen Wörter in die Lücken. Lesen Sie danach die Sätze laut.

相处　处处　数不清　多少

（1）学校里__________都很干净。

（2）我和我的同屋__________得很好。

（3）A：你有__________根头发？

B：我__________，你数得清吗？

7 给下面的多音多义字注音并组词

Geben Sie zu den Schriftzeichen, die zwei verschiedene Aussprachen und Bedeutungen haben, die Pinyin-Umschrift an und bilden Sie Wörter

数（　　）________　　长（　　）________
　（　　）________　　　（　　）________

教（　　）________　　种（　　）________
　（　　）________　　　（　　）________

8 写一写 Schreibübung

biàn/pián 丿 亻 亻 仁 佢 佰 佰 便 便

便 便 便 便 便

yí 丶 丶 宀 宀 宀 宜 宜 宜

宜 宜 宜 宜 宜

shǒu 丶 丷 䒑 䒑 产 首 首 首 首

首 首 首 首 首

jiǎ/jià 丿 亻 亻 仁 仴 仴 伊 偐 偐 假 假

假 假 假 假 假

9 从所给词语中选择恰当的填空，然后大声朗读句子

Füllen Sie die im Kasten angegebenen Wörter in die Lücken. Lesen Sie danach die Sätze laut.

方便　首都　便宜　放假　假话

（1）北京是中国的______。

（2）学校附近有商店、市场，买东西很______，商店里的东西特别______。

（3）他总是说＿＿＿＿，我不相信他。

（4）我们明年一月＿＿＿＿。

10 给下面的多音多义字注音并组词

Geben Sie zu den Schriftzeichen, die zwei verschiedene Aussprachen und Bedeutungen haben, die *Pinyin*-Umschrift an und bilden Sie Wörter

觉（　　）＿＿＿＿　　还（　　）＿＿＿＿
　（　　）＿＿＿＿　　　（　　）＿＿＿＿

大（　　）＿＿＿＿　　乐（　　）＿＿＿＿
　（　　）＿＿＿＿　　　（　　）＿＿＿＿

11 朗读 Lesen Sie die Sätze laut

天安门广场（Tiān'ān Mén Guǎngchǎng, Tian'anmen Square）在首都北京的中心。每年的十月一日，那里处处都是鲜花，又干净又漂亮。那几天，学校、工厂都放假，人们都喜欢去天安门看看。

12 写一写 Schreibübung

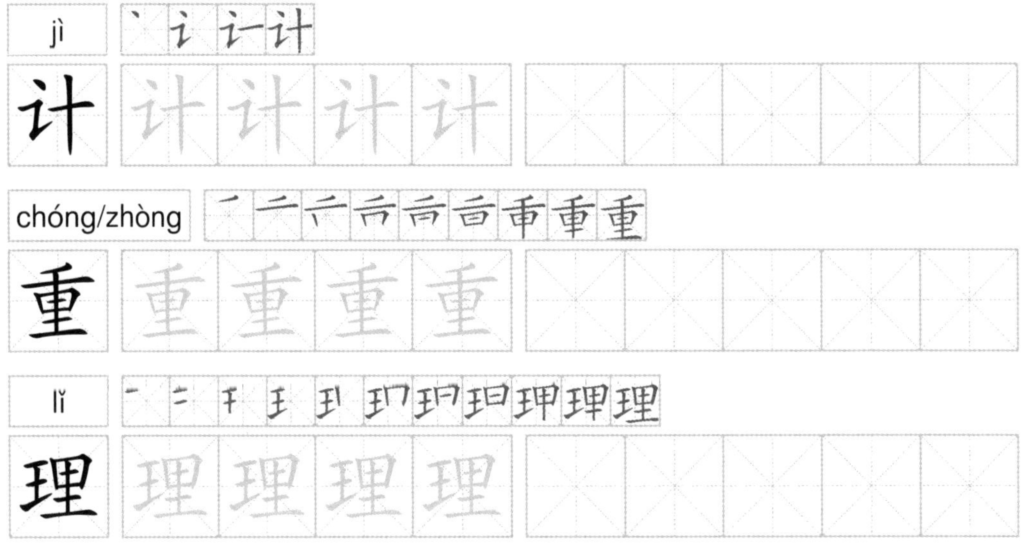

13 从所给词语中选择恰当的填空，然后大声朗读句子
Füllen Sie die im Kasten angegebenen Wörter in die Lücken. Lesen Sie danach die Sätze laut.

重量　重复　会计　还书　发现

（1）我要去图书馆______，这本书快到期了。
（2）我______现在很多年轻人都喜欢穿黑色的衣服。
（3）对不起，我没听清你说什么，请你______一遍。
（4）我觉得女孩子做______工作比较好，因为女孩子比较细心（xìxīn, sorgfältig; aufmerksam）。
（5）你的包裹的______只是我的包裹的一半。

14 写一写 Schreibübung

què

确

一 丆 不 石 石 石′ 石′′ 矿 � 确

确 确 确 确

15 从所给词语中选择恰当的填空，然后大声朗读句子
Füllen Sie die im Kasten angegebenen Wörter in die Lücken. Lesen Sie danach die Sätze laut.

出差　中文系　差不多　的确

（1）我是北京大学______的学生。
（2）这本书一共二十课，现在我们学到了十九课，我们______快学完这本书了。
（3）我______喜欢这儿的生活，这不是说假话。
（4）我爸爸______去广东了，下个星期回来。

16 给下面的多音多义字注音并组词
Geben Sie zu den Schriftzeichen, die zwei verschiedene Aussprachen und Bedeutungen haben, die *Pinyin*-Umschrift an und bilden Sie Wörter

差（　　）________　　发（　　）________
　（　　）________　　　（　　）________

会（　　）________　　　重（　　）________

　（　　）________　　　　（　　）________

17 写一写 Schreibübung

xiě/xuè	血
yè	液
báo/bó	薄
bǐng	饼
ruò	弱
xià/hè	吓
kǒng	恐

18 从所给词语中选择恰当的填空，然后大声朗读句子

Füllen Sie die im Kasten angegebenen Wörter in die Lücken. Lesen Sie danach die Sätze laut.

吓（xià） 血液 流血 薄弱

（1）他切菜时，不小心切了手，他的手______了。

（2）______是人体中重要的一部分。

（3）我的汉字学得不错，听力方面有点儿______。

（4）我正在看书，他突然（tūrán, plötzlich）大叫了一声，我______了一跳。

二、本课复习 Wiederholung

解	着（zháo）	干（gān）	好（hào）	长（zhǎng）
短	教（jiào）	师	背（bēi）	少（shào）
数（shù）	量	种	类	处（chǔ）
便（pián）	宜	都（dū）	首	乐（yuè）
假	还（huán）	会（kuài）	计	重（chóng）
发（fà）	理	系（jì）	差（chāi）	的（dí、dī）
确	得（dé、děi）	血	液	薄
饼	弱	吓	恐	

1 给下面的多音多义字注音并组词

Geben Sie zu den Schriftzeichen, die zwei verschiedene Aussprachen und Bedeutungen haben, die Pinyin-Umschrift an und bilden Sie Wörter.

长（　　）________　　少（　　）________

　（　　）________　　　（　　）________

种（　　）________　　重（　　）________

　（　　）________　　　（　　）________

处（　　）＿＿＿＿　　乐（　　）＿＿＿＿
　（　　）＿＿＿＿　　　（　　）＿＿＿＿

便（　　）＿＿＿＿　　觉（　　）＿＿＿＿
　（　　）＿＿＿＿　　　（　　）＿＿＿＿

2 给下列句中加点的字注音

Geben Sie die *Pinyin*-Umschrift zu den Schriftzeichen an, die mit einem Punkt markiert sind

（1）这么多东西，我们拿不了（　　）。
（2）安静点儿，别说话！孩子已经睡着（　　）了。
（3）我的姐姐是个会（　　）计。
（4）你的头发长（　　）了，该理发（　　）了，
（5）上个星期我出差（　　）去了西安。
（6）明天参加考试，今天我得（　　）好好复习复习。

3 从所给词语中选择恰当的填空，然后大声朗读句子

Füllen Sie die im Kasten angegebenen Wörter in die Lücken. Lesen Sie danach die Sätze laut.

便宜　音乐　的确　假话　首都　放假　方便

（1）他是个诚实的人，从不说＿＿＿。
（2）我喜欢听＿＿＿，你喜欢吗?
（3）北京是中国的＿＿＿。
（4）学校附近有很多小饭馆，吃饭比较＿＿＿。
（5）春天到了，商店里冬天的衣服都＿＿＿了。
（6）我们7月18号开始＿＿＿，9月1号开学。
（7）学汉字＿＿＿很有意思。

4 朗读 Lesen Sie laut

一天，我正在家里写钢笔字，门铃响了。我去开门，门口是我的邻居——一个卖花的姑娘。她告诉我，刚才她在路边发现了一个钱包，里边有我的名片（míngpiàn, Visitenkarte）。我看了一下，真是我的钱包，我非常感谢她。

Lernwörterbücher

581 Chinesische Schriftzeichen

ISBN: 9783905816303

Chinesisch-Deutsches HSK-Lernwörterbuch. 3000 chinesische Schriftzeichen, 32000 Wörter und Ausdrücke – alle Vokabeln für die neue HSK-Prüfung

ISBN: 9783905816440
erscheint im 4. Quartal 2016

Chinesisches Schriftsystem

Chinesische Schriftzeichen lernen – mit System

ISBN: 978-3905816648
erscheint im 2. Quartal 2016

Grammatik und Wortschatz

Moderne chinesische Grammatik – Ein praktischer Leitfaden der chinesischen Hochsprache

- eine anwenderfreundliche Grammatik der renommierten US-Sinologin Claudia Ross
- leichtverständlich geschrieben, aber doch genau und detailliert
- die englische Ausgabe ist seit Jahren ein Bestseller
- deutsche Ausgabe basiert auf der 2. aktualisierten Neuauflage der englischsprachigen Ausgabe von 2014

Lehrbuch, ISBN: 9783905816457
erscheint im 3. Quartal 2016

Übungsbuch, ISBN: 9783905816464
erscheint im 3. Quartal 2016

Vertrieb an den deutschen Buchhandel
GVA Gem. Verlagsauslieferung Göttingen GmbH & Co. KG
www.gva-verlage.de
Postfach 2021, D–37010 Göttingen
Tel. +49 (0) 551 384200-0, Fax. +49 (0) 551 384200-10

Vertrieb an den österreichischen Buchhandel
Mohr Morawa Buchvertrieb GmbH
Sulzengasse 2, A–1230 Wien
Tel. +43 (1) 680 14-0, Fax. +43 (1) 688 71 30
Mail: momo@mohrmorawa.at

Reihe Chinesisch leicht gemacht

Chinesische Grammatik leicht gemacht
ISBN: 9783905816334

Chinesische Zähleinheitswörter leicht gemacht
ISBN: 9783905816341

Chinesische Redewendungen leicht gemacht
ISBN: 9783905816358

Zweisprachige Lektüren

Gela wird erwachsen und andere Erzählungen aus China
- Kurzgeschichten bekannter chinesischer Autoren, u.a. Mo Yan, Alai, Ye Zhaoyan
- mit Vokabelanmerkungen und Übungsaufgaben mit Lösungsschlüssel für fortgeschrittene Chinesischlerner

ISBN: 9783905816198

Zweisprachige Comics

Sean Chuang: Meine 80er-Jahre – Eine Jugend in Taiwan
- nostalgische Erinnerungen an eine Jugend in Taiwan der späten 70er- und 80er-Jahre, einem Land im Umbruch

ISBN: 9783905816594

Enzo: Ein Jahr lang Schüler 34 in Klasse A
- Kindheitserinnerungen im Taiwan der 80er-Jahre, Bilderbuchroman über schulischen Leistungsdruck, Rebellion und Anpassung

ISBN: 9783905816327

Zheng Wen: Helden der östlichen Zhou-Zeit
- Episoden aus dem Leben historischer Figuren, die in einer von blutigen Machtkämpfen, Intrigen und territorialen Konflikten geprägten Epoche im antiken China lebten, die aber gleichzeitig kulturell äusserst fruchtbar war und viele der wichtigsten Denker der chinesischen Geistesgeschichte hervorgebracht hat.

Band 1: Wege zum Ruhm. ISBN: 9783905816662
Band 2: Bandtitel z.Z. offen. ISBN: 9783905816679
erscheinen im 4. Quartal 2016

Verlag der deutschsprachigen Ausgabe
Chinabooks E. Wolf und E. Wu
www.chinabooks.ch
Tel. +41 (0)43 540 40 77, +41 (0)76 518 45 26
Fax. +41 (0)71 787 20 89
Mail: bestellen@chinabooks.ch

Reihe China entdecken – Ein kommunikativer Chinesisch-Kurs für Anfänger

- geeignet für Jugendliche und Erwachsene, einsetzbar in der allgemeinen Erwachsenenbildung (Volkshochschule), an Sprachenzentren von Universitäten, in Wirtschaftssinologiestudiengängen und an Gymnasien und Mittelschulen
- moderne Lehrmittelreihe mit Schwerpunkt auf mündlicher Kommunikation für Alltag, Reise und Beruf

Band 1 und 2 legen die Grundlagen, Band 3 führt auf eine Reise durch China, in Band 4 geht es um die Anwendung der Sprache im Berufsalltag und bei Stellengesuchen.

Lehrbuch 1, ISBN: 9783905816518
Arbeitsbuch 1, ISBN: 9783905816525

Lehrbuch 2, ISBN: 9783905816532
Arbeitsbuch 2, ISBN: 9783905816549

Lehrbuch 3, ISBN: 9783905816556
Arbeitsbuch 3, ISBN: 9783905816563
erscheint im 4. Quartal 2016

Lehrbuch 4, ISBN: 9783905816570
Arbeitsbuch 4, ISBN: 9783905816587
erscheint im 1. Quartal 2017

Reihe Das Neue Praktische Chinesisch

- geeignet für junge Erwachsene und Erwachsene, wird in verschiedensten Bereichen eingesetzt
- besonders geeignet für den Einsatz in Sinologiestudiengängen
- der Klassiker unter den Chinesischlehrmitteln
- zählt weltweit zu den am meisten verwendeten Chinesischlehrmitteln

Lehrbuch 1, ISBN: 9783905816006
Arbeitsbuch 1, ISBN: 9783905816013

Lehrbuch 2, ISBN: 9783905816020
Arbeitsbuch 2, ISBN: 9783905816037

Lehrbuch 3, ISBN: 9783905816396
Arbeitsbuch 3, ISBN: 9783905816402

Es sind ebenfalls Sets aus den obigen Büchern mit CDs und / oder DVDs erhältlich (andere ISBN-Nummern)

Reihe Basis Chinesisch

- geeignet für junge Erwachsene und Erwachsene, entwickelt und verwendet an amerikanischen Universitäten, besonders geeignet aber für den Einsatz in Sinologiestudiengängen
- Lerner können selbst entscheiden, ob sie die in der VR China verwendeten Kurzzeichen, die in Taiwan und Hongkong verwendeten Langzeichen oder beide Schriftstandards erlernen wollen
- konsequente Trennung von Erwerb der gesprochenen Sprache und der Schrift, sehr alltagsnahe und authentische Texte, Hinweise zu regionalen Unterschieden in der Standardsprache
- das ideale Lehrmittel für motivierte Lerner, die sämtliche Fragen zu den Grundlagen der chinesischen Sprache beantwortet haben wollen und durch gründliche Legung der Grundlagen ein hohes Niveau in der Sprache erreichen wollen

Basis Chinesisch Schreiben
Lehrbuch, ISBN: 9783905816600
Arbeitsbuch, ISBN: 9783905816617

Basis Chinesisch Sprechen
Lehrbuch, ISBN: 9783905816624
Arbeitsbuch, ISBN: 9783905816631
erscheint im 4. Quartal 2016

Reihe Routledge Kurs in moderner chinesischer Hochsprache

- geeignet für junge Erwachsene und Erwachsene
- entwickelt und verwendet an amerikanischen Universitäten
- einsetzbar in der allgemeinen Erwachsenenbildung, an Mittelschulen, Gymnasien, besonders geeignet aber für den Einsatz in Sinologiestudiengängen
- innovativer Ansatz: Lautumschrift Pinyin verschwindet nach Einführung der Schriftzeichen nach und nach aus den Texten, wodurch es ermöglicht wird, den Lerner schrittweise an die Schriftzeichen heranzuführen, der Erwerb der Schriftzeichen bremst dadurch nicht den schneller möglichen Erwerb der gesprochenen Sprache
- gründliche Legung der Grundlagen
- hervorragendes, umfangreiches und abwechslungsreiches Übungsmaterial wie sonst in kaum einem Lehrwerk

Lehrbuch 1, ISBN: 9783905816471
Arbeitsbuch 1, ISBN: 9783905816488
erscheint im 1. Quartal 2017

Lehrbuch 2, ISBN: 9783905816495
Arbeitsbuch 2, ISBN: 9783905816501
erscheint im 4. Quartal 2017

Meine 80er Jahre. Eine Jugend in Taiwan (2-sprachige Ausgabe Deutsch-Chinesisch) von Sean Chuang

ISBN/EAN: 9783905816594
Verlag: Chinabooks E. Wolf

Kurzbeschreibung

Sean Chuang
Meine 80er Jahre.
Eine Jugend in Taiwan

Sean Chuang verarbeitet in dieser Graphic Novel Erinnerungen an seine Jugend im Taiwan der späten 1970er und 1980er Jahre. Seine Erinnerungen lassen sich zugleich als Zeitporträt einer Gesellschaft im Umbruch lesen: Taiwan erlebte damals einen beispiellosen Wirtschaftsboom und eine politische Öffnung hin zu mehr Demokratie und Freiheit. Plastisch, eindrücklich und humorvoll fängt der Autor den Alltag und das Lebensgefühl einer ganzen Generation ein. Er gewährt Einblicke in eine von spezifisch chinesischen Wert- und Familienvorstellungen geprägte Kultur, macht aber zugleich eine Jugend lebendig, die mit ihren Ängsten, Nöten und Glücksmomenten den Leser über alle Kulturgrenzen hinweg berührt und Erinnerungen an die eigene Kindheit wachruft.

Biografie

Sean Chuang (eigentlich: Zhuang Yongxin) wurde 1968 in Taiwan geboren. Seinen Schulabschluss machte er an der Fu-Hsin Trade & Arts School in Taipeh, Taiwan. Im Laufe seiner über 20-jährigen Karriere als Werbefilmer hat er in verschiedenen asiatischen Ländern (China, Singapur, Japan) über 400 Werbespots gedreht und mehrere bedeutende Preise wie den Times Award und den Times Asia Pacific Award gewonnen. Comics zeichnet er in seiner Freizeit. 1995 erschien sein autobiografisches Comic-Debüt «Notizen eines Werbefilmers», in dem er Einblicke in den hektischen Berufsalltag eines Werberegisseurs gibt. Schon dieser Erstling wurde zum Bestseller mit 18 Auflagen. 2010 vollendete Sean Chuang sein zweites Werk, «Das Fenster», eine fiktive Geschichte ohne Worte, die im Europa des Zweiten Weltkriegs spielt. Er erhielt dafür den begehrten Preis «Beste Graphic Novel» des Informationsbüros der taiwanesischen Regierung. Die Rechte daran wurden nach Spanien verkauft. 2013 erschienen eine erweiterte Neuausgabe der «Notizen eines Werbefilmers» und «Meine 80er Jahre. Eine Jugend in Taiwan», in dem der Autor Erinnerungen an seine Jugend verarbeitet. 2014 erhielt dieses Tagebuch bei den Taiwan Golden Comic Awards als erstes Werk überhaupt sowohl den Preis für den besten Comic als auch den Preis für den besten Newcomer.

Verlag der deutschsprachigen Ausgabe
Chinabooks E. Wolf und E. Wu
www.chinabooks.ch
Tel. +41 (0)43 540 40 77, +41 (0)76 518 45 26, Fax. +41 (0)71 787 20 89
Mail: bestellen@chinabooks.ch

Vertrieb an den deutschen Buchhandel
GVA Gemeinsame Verlagsauslieferung Göttingen GmbH & Co. KG
www.gva-verlage.de
Postfach 2021, D–37010 Göttingen
Tel. +49 (0) 551 384200-0, Fax. +49 (0) 551 384200-10

Vertrieb an den österreichischen Buchhandel
Mohr Morawa Buchvertrieb GmbH
Sulzengasse 2, A–1230 Wien
Tel. +43 (1) 680 14-0, Fax. +43 (1) 688 71 30
Mail: momo@mohrmorawa.at

«… eine fesselnden Lektüre, von der man keine Abenteuerhandlung erwarten darf, aber einen Einblick in einen äußerlich vertrauten, in den Verhaltensweisen der Menschen aber fremdartigen Lebensstil … Man spürt aber auf jeder Seite die Intensität des Zeichners und Verfassers: Hier steckt wirklich Herzblut drin.»

Andreas Platthaus, FAZ

«Das zweisprachige, autobiografische und bibliophile Roadmovie mit seinen 13 Stationen liest sich schnell und flüssig. Und in den Zeichnungen zeigt sich, wie die kleine Privatheit auf der andern Seite des Globus eigentlich doch die ganz grosse Welt abbildet.»

Fritz Franz Vogel, amazon.de

Moderne chinesische Grammatik – Ein praktischer Leitfaden

Lehrbuch, ISBN: 9783905816457
Übungsbuch, ISBN: 9783905816464

- eine anwenderfreundliche Grammatik der renommierten US-Sinologin Claudia Ross
- leichtverständlich geschrieben, aber doch genau und detailliert
- die englische Ausgabe ist seit Jahren ein Bestseller
- deutsche Ausgabe basiert auf der 2. aktualisierten Neuauflage der englischsprachigen Ausgabe von 2014

Bei *Moderne chinesische Grammatik – Ein praktischer Leitfaden* handelt es sich um ein innovatives Referenzwerk der chinesischen Hochsprache (Mandarin). In einem einzigen Band wird die Darstellung traditioneller Grammatik und mit der Darstellung funktionaler Grammatik miteinander verbunden.
Die Grammatik ist in zwei Teile unterteilt. Teil A behandelt traditionelle grammatische Kategorien wie Wortstellung, Substantive, Verben und Spezifizierer. Teil B behandelt strukturiert sprachliche Funktionen und Situationen wie:

- kommunikative Strategien
- Vergleiche ziehen
- Informationen geben und erfragen
- Entschuldigung, Bedauern und Mitgefühl ausdrücken

Die beiden Teile der Grammatik sind untereinander eng verknüpft durch zahlreiche Querverweise. Damit werden viele sprachliche Muster sowohl unter einer grammatischen als auch unter einer funktionalen Perspektive beleuchtet.
Alle grammatischen Punkte und Funktionen werden durch zahlreiche Beispielsätze illustriert, mit einer starken Betonung auf den heutigen Sprachgebrauch.
Einige Besonderheiten der Grammatik:

- Beispiele und Beispielsätze werden durchgängig in Kurzzeichen, Langzeichen und in Pinyin-Lautumschrift angegeben
- Anschauliche Erklärungen und leicht verständliche Beschreibungen
- Der Schwerpunkt wurde auf Bereiche gelegt, die Lernern von Hochchinesisch (Mandarin) als Fremdsprache besondere Schwierigkeiten bereiten

Moderne chinesische Grammatik – Ein praktischer Leitfaden ist die ideale Referenzgrammatik für Lerner von Hochchinesisch (Mandarin) als Fremdsprache auf allen Lernstufen, von Anfängern bis Fortgeschrittenen. Keine Vorkenntnisse in grammatischen Terminologien werden vorausgesetzt, ein Glossar der grammatikalischen Ausdrücke steht zur Verfügung.

Diese Grammatik wird vervollständigt durch ein ergänzendes Arbeitsbuch (ISBN: 978-3-905816-46-4), das dazugehörige Übungen und Aktivitäten bietet.

Verlag der deutschsprachigen Ausgabe
Chinabooks E. Wolf und E. Wu
Bühlstrasse 6, 8142 Uitikon-Waldegg
www.chinabooks.ch
Tel. 0041 (0)43 540 40 77
Mobil: 0041(0)76 518 45 26, 0041(0)76 414 23 28
Mail: bestellen@chinabooks.ch

Vertrieb an den deutschen Buchhandel
GVA Gemeinsame Verlagsauslieferung Göttingen GmbH & Co. KG
www.gva-verlage.de
Postfach 2021, D–37010 Göttingen
Tel. 0049 (0) 551 384200-0, Fax. 0049 (0) 551 384200-10

Vertrieb an den österreichischen Buchhandel
Mohr Morawa Buchvertrieb GmbH
Sulzengasse 2, A–1230 Wien
Tel. 0043 (1) 680 14-0, Fax. 0043 (1) 688 71 30
Mail: momo@mohrmorawa.at

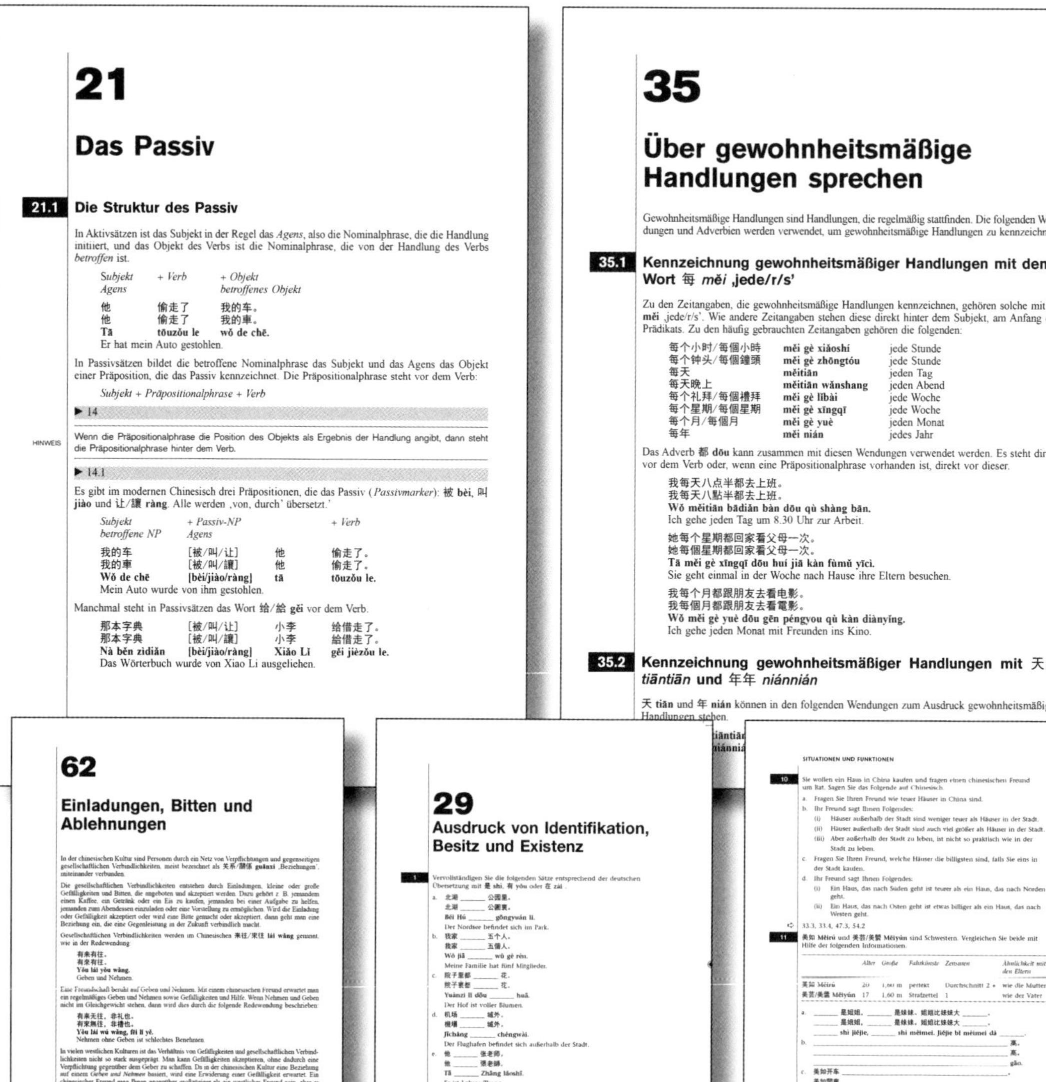

21

Das Passiv

21.1 Die Struktur des Passiv

In Aktivsätzen ist das Subjekt in der Regel das *Agens*, also die Nominalphrase, die die Handlung initiiert, und das Objekt des Verbs ist die Nominalphrase, die von der Handlung des Verbs *betroffen* ist.

Subjekt *+ Verb* *+ Objekt*
Agens *betroffenes Objekt*

他 偷走了 我的车。
他 偷走了 我的車。
Tā tōuzǒu le wǒ de chē.
Er hat mein Auto gestohlen.

In Passivsätzen bildet die betroffene Nominalphrase das Subjekt und das Agens das Objekt einer Präposition, die das Passiv kennzeichnet. Die Präpositionalphrase steht vor dem Verb:

Subjekt + Präpositionalphrase + Verb

▶ 14

HINWEIS Wenn die Präpositionalphrase die Position des Objekts als Ergebnis der Handlung angibt, dann steht die Präpositionalphrase hinter dem Verb.

▶ 14.1

Es gibt im modernen Chinesisch drei Präpositionen, die das Passiv (*Passivmarker*): 被 **bèi**, 叫 **jiào** und 让/讓 **ràng**. Alle werden ‚von, durch' übersetzt.'

Subjekt *+ Passiv-NP* *+ Verb*
betroffene NP *Agens*

我的车 [被/叫/让] 他 偷走了。
我的車 [被/叫/讓] 他 偷走了。
Wǒ de chē [bèi/jiào/ràng] tā tōuzǒu le.
Mein Auto wurde von ihm gestohlen.

Manchmal steht in Passivsätzen das Wort 给/給 **gěi** vor dem Verb.

那本字典 [被/叫/让] 小李 给借走了。
那本字典 [被/叫/讓] 小李 給借走了。
Nà běn zìdiǎn [bèi/jiào/ràng] Xiǎo Lǐ gěi jièzǒu le.
Das Wörterbuch wurde von Xiao Li ausgeliehen.

35

Über gewohnheitsmäßige Handlungen sprechen

Gewohnheitsmäßige Handlungen sind Handlungen, die regelmäßig stattfinden. Die folgenden Wendungen und Adverbien werden verwendet, um gewohnheitsmäßige Handlungen zu kennzeichnen.

35.1 Kennzeichnung gewohnheitsmäßiger Handlungen mit dem Wort 每 *měi* ‚jede/r/s'

Zu den Zeitangaben, die gewohnheitsmäßige Handlungen kennzeichnen, gehören solche mit 每 **měi** ‚jede/r/s'. Wie andere Zeitangaben stehen diese direkt hinter dem Subjekt, am Anfang des Prädikats. Zu den häufig gebrauchten Zeitangaben gehören die folgenden:

每个小时/每個小時	**měi gè xiǎoshí**	jede Stunde
每个钟头/每個鐘頭	**měi gè zhōngtóu**	jede Stunde
每天	**měitiān**	jeden Tag
每天晚上	**měitiān wǎnshang**	jeden Abend
每个礼拜/每個禮拜	**měi gè lǐbài**	jede Woche
每个星期/每個星期	**měi gè xīngqī**	jede Woche
每个月/每個月	**měi gè yuè**	jeden Monat
每年	**měi nián**	jedes Jahr

Das Adverb 都 **dōu** kann zusammen mit diesen Wendungen verwendet werden. Es steht direkt vor dem Verb oder, wenn eine Präpositionalphrase vorhanden ist, direkt vor dieser.

我每天八点半都去上班。
我每天八點半都去上班。
Wǒ měitiān bādiǎn bàn dōu qù shàng bān.
Ich gehe jeden Tag um 8.30 Uhr zur Arbeit.

她每个星期都回家看父母一次。
她每個星期都回家看父母一次。
Tā měi gè xīngqī dōu huí jiā kàn fùmǔ yīcì.
Sie geht einmal in der Woche nach Hause ihre Eltern besuchen.

我每个月都跟朋友去看电影。
我每個月都跟朋友去看電影。
Wǒ měi gè yuè dōu gēn péngyou qù kàn diànyǐng.
Ich gehe jeden Monat mit Freunden ins Kino.

35.2 Kennzeichnung gewohnheitsmäßiger Handlungen mit 天天 *tiāntiān* und 年年 *niánnián*

天 **tiān** und 年 **nián** können in den folgenden Wendungen zum Ausdruck gewohnheitsmäßiger Handlungen stehen.

62

Einladungen, Bitten und Ablehnungen

62.1 Einladungen

62.1.1 Einladungen aussprechen

377

29

Ausdruck von Identifikation, Besitz und Existenz

94

SITUATIONEN UND FUNKTIONEN

10 Sie wollen ein Haus in China kaufen und fragen einen chinesischen Freund um Rat. Sagen Sie das Folgende auf Chinesisch.

a. Fragen Sie Ihren Freund wie teuer Häuser in China sind.

114

Über die Autoren

Claudia Ross ist Professorin der chinesischen Sprache und Linguistik am Institut für moderne neue Sprachen des «College of the Holy Cross» in Worchester, Massachusetts, USA.

Jing-heng Sheng Ma ist Inhaber der «Mayling Soong»-Professur am Wellesley College, Massachusetts, USA.

Katrin Buchta studierte Sinologie, Japanologie und Rechtswissenschaft an der Humboldt-Universität in Berlin. Seit einigen Jahren arbeitet sie für das deutsche Außenministerium in China und ist derzeit Leiterin des Referats für Presse- und Öffentlichkeitsarbeit am Generalkonsulat Kanton der Bundesrepublik Deutschland..

Expertenmeinung

«Ich habe fast sämtliche erhältlichen chinesischen Grammatiken benutzt. Diese ist mit Abstand die beste. Die gesamte Serie ist hervorragend. Warum? Sie ist vollkommen praktisch ausgerichtet, ohne sich in grammatikalischen Obskuritäten zu verlieren. Sie widerspiegelt die reale, gegenwärtige Verwendung der Sprache wie sie von normalen gebildeten Sprechern gesprochen wird.»

— Harold Goodman, Lehrmittelautor der Michel Thomas Serie

«…eine außergewöhnlich nützliche, leicht zugängliche und benutzerfreundliche Grammatik.»

— Forum für Moderne Sprachwissenschaften